W0187138

Ron B. Charles

DAS DURCH-STARTER KONZEPT

Motivation und Disziplin steigern lernen für mehr Erfolg im Leben, im Beruf, beim Sport oder Abnehmen. Der Weg um glücklich zu sein und andere zu motivieren.

Impressum

© Ron B. Charles

1. Auflage Dezember 2019

Das Werk einschließlich aller Inhalte ist urheberrechtlich geschützt. Alle Rechte, auch Übersetzungsrechte vorbehalten. Nachdruck oder Reproduktion (auch auszugsweise) in irgendeiner Form (Druck, Fotokopie, Mikrofilm oder anderes Verfahren) sowie die Verarbeitung, Einspeicherung, Verbreitung und Vervielfältigung mithilfe elektronischer Systeme jeglicher Art, gesamt oder auszugsweise, ist ohne ausdrückliche schriftliche Genehmigung des Herausgebers untersagt.

Kontakt: Ronny Charles Buchleitner
Moosburger Str. 3 – App. 4 - 85462 Eitting (Gaden)
ronnybuchleitner@outlook.de

Covergestaltung: Janka Rufenach, Regensburg

Haftungsausschluss

Der Inhalt dieses Buches wurde mit großer Sorgfalt geprüft und erstellt. Für sämtliche Inhalte kann jedoch keine Garantie übernommen werden. Dies gilt weder für die Richtigkeit, Vollständigkeit, noch Aktualität der Inhalte. Alle enthaltenen Informationen basieren lediglich auf der eigenen Meinung und persönlichen Erfahrung des Autors. Der Inhalt darf keinesfalls als medizinische Hilfe gesehen werden. Für selbstverursachte Schäden und Fehlhandlung des Lesers wird daher keine juristische Haftung seitens des Autors übernommen. Zudem garantiert der Autor keinerlei Erfolge mit dem im Buch erwähnten Informationen, da diese wie oben genannt nur auf persönliche Erfahrungen des Autors basieren, lediglich als Unterhaltung dienen sollen. Die Verantwortung für die im Buch beschriebenen Ziele bzw. deren Umsetzung liegt einzig und allein beim Leser selbst. Gleichzeitig wird keine Haftung auf den im Buch angegebenen Quellen und externen Webseiten übernommen. Für all diese Inhalte ist einzig und allein der jeweilige Webseitenbetreiber verantwortlich weshalb der Autor automatisch von einer Haftung ausgeschlossen ist.

Inhaltsverzeichnis

Einleitung

Warum sind einige Menschen hoch motiviert und andere bekommen morgens die Beine nicht aus dem Bett? Genau dieser Frage möchten wir uns in diesem Buch annehmen und dir eine hoch motivierte Lebensweise nahebringen. Sicher kennst du eine stark motivierte Person in deinem Umfeld, die immer strahlt, inspiriert durch das Leben geht und die Dinge stets genauso umsetzt, wie sie es sich vornimmt.

Motivierte Menschen gehen selbstbewusster durch den Tag und können auch mal eine Niederlage hinnehmen. Doch was genau ist Motivation? Woher stammt der Begriff und wie können wir sie in unser Leben hervorholen? Was macht einen begeisterten Menschen aus? Was können wir tun, um die Initiativkraft in unserem Leben zu erwecken? Wir schauen uns verschiedene Ziele und Wünsche an.

Und genau darum geht es auch im Hinblick auf die Antriebskraft: das Ziel. Ein motivierter Mensch hat dieses stets vor Augen und tut alles, um es zu erreichen. Letztendlich geht es nicht darum, wie es erreicht wird. Denn die Zielerreichung selbst steht für die Person im Vordergrund. Wie dies ganz genau aussieht, erfährst du in Kapitel 1, wenn wir uns anschauen, was uns Menschen anspornt.

Im Laufe dieses Buches schauen wir uns nicht nur an, wie wir es zu mehr Selbstmotivation schaffen können. Auch beleuchten wir einzelne Lebensbereiche und Ziele, wie zum Beispiel den Job, das Abnehmen oder wie man andere animiert. Kombiniert mit praktischen Tipps und Tricks erhältst du somit einen Rundum-Ratgeber, um deine Bedürfnisse zu erfüllen und mit neuer Kraft ins Leben zu starten.

Es geht somit weniger darum, die Inspiration im Äußeren zu suchen und mehr nach innen zu blicken. Genau dies möchte ich dir auch mit diesem Buch auf den Weg geben: die Suche in dir! Letztendlich bewegt uns alle früher oder später die alles entscheidende Frage. Wer bin ich wirklich? Was macht mich aus? Indem du dich selbst besser kennenlernst, wirst du nicht nur mehr über deine Stärken und Schwächen erfahren, sondern auch dein Selbstbewusstsein stärken können.

Es geht somit voll und ganz um dich. Nimm dir Zeit, lehne dich zurück und genieße jedes einzelne Kapitel. Du wirst sehen, dass bereits mit dem Lesen das Motivationsthermometer ansteigt und du mit neuen Ideen für deine Zielerreichung vorangehen kannst. Entscheidend ist dabei immer, dass du dich auf jeden einzelnen Schritt deines persönlichen

Weges fokussierst und nicht nur auf das Endziel. Ein schönes Sprichwort aus dem Zen-Buddhismus besagt: Der Weg ist das Ziel.

Jetzt aber rein in das Lesevergnügen, in die Veränderung deines Lebens, die Vorfreude auf originelle Erkenntnisse und die Neuorientierung auf deine ganz persönlichen Errungenschaften!

Viel Spaß und Erfolg beim Ausprobieren der Motivationsideen!

Selbstmotivation – so geht's!

Der Begriff „Motivation" stammt aus dem Latein vom Wort „*movere*" ab. In der deutschen Sprache können wir das Wort mit „bewegen, anregen oder antreiben" übersetzen. Auch kann sie als eine Sammlung an Motiven (=Beweggründen) gesehen werden. Jeder Mensch bringt seine eigenen Beweggründe mit, deshalb ist nicht nur das Motiv an sich individuell, sondern auch der Mensch selbst.

In der Praxis mag sich dies so gestalten, dass du ein Motiv an das nächste koppelst und damit letztendlich den Schritt wagst, etwas zu bewegen. Wie kannst du dir das für deinen Alltag vorstellen?

Du überlegst schon länger, ob du deinen alten Job kündigen und endlich etwas für dich Passenderes suchen sollst. Es können hier verschiedene Beweggründe zum Vorschein kommen. Dazu zählt unter anderem, dass du die Tätigkeiten nicht gerne verrichtest und deshalb auch mit den Kollegen nicht unbedingt auf einer Wellenlänge bist (1. Motiv). Die Anweisungen deines Vorgesetzten empfindest du mittlerweile eher als Nötigung und nervend, anstatt Dich darüber zu freuen. Du würdest gerne selbstbestimmter arbeiten (2. Motiv). Der Arbeitsweg ist Dir zu lang und auch noch kompliziert. (3. Motiv). Die Bezahlung ist ohnehin zu gering. (4. Motiv). Darüber hinaus möchtest du dich nicht ständig über die offensichtliche Unzuverlässigkeit mancher Kollegen aufregen, weil das Wegsehen mittlerweile auch nicht mehr funktioniert (5. Motiv).

Wir halten also die möglichen Motive fest, die dich dazu inspirieren, einer anderen Tätigkeit nachzugehen:

1) *Du sehnst dich nach neuen Aufgaben und einem Umfeld, das besser zu dir passt.*
2) *Du wünschst dir mehr Freiheit und Flexibilität in der Gestaltung Deiner Arbeit.*
3) *Du möchtest kürzere und einfachere Wege zum Arbeitsplatz.*
4) *Du strebst ein höheres Gehalt an.*
5) *Du würdest Dich gerne auf Deine Kollegen verlassen können.*

Diese Gründe zeigen wunderbar, dass es zu einer Gesamtheit an Motiven kommen kann. Durch das Visualisieren des persönlichen Ziels und der inneren Wünsche kann somit die Motivation entfacht werden. Darüber hinaus sind die Motive für unsere Handlungen und Aktionen in unserer Persönlichkeit festgesetzt. So können wir am Beispiel sehen, dass es sich um eine Person handelt, die gerne Neues lernt, sich frei entfaltet, selbstständig denkt und

agiert, pragmatisch handelt, seine Zeit gerne sinnvoll nutzt, strebsam und zuverlässig ist.
Je mehr wir unsere Fähigkeiten und Werte wahrnehmen und leben können, umso mehr können wir dann auch mit unseren wahren Träumen, Zielen, Wünschen und Visionen in Kontakt treten. Kommen die Anreize jedoch von außen, müssen wir zunächst prüfen, ob es sich um etwas handelt, dass mit unserer Vorstellung übereinstimmt und wir uns dadurch motivieren lassen können. Wir können die Fremdmotivation somit dafür nutzen uns selbst anzutreiben und den Impuls aus dem Inneren in Kraft zu setzen.

Oft wird auch die Selbstmotivation und Fremdmotivation verwechselt oder über einen Kamm geschert. Dabei tragen diese zwei Begrifflichkeiten eine unterschiedliche Bedeutung. Sehen wir uns dies einmal genauer an:

1) Die **intrinsische Motivation** kommt von innen heraus und wird von inneren Impulsen gesteuert. Du bist von innen heraus beflügelt und kannst es vielleicht manchmal nicht in Worte fassen was dich anspornt. Du bist einfach zufrieden und hast Spaß bei dem, was du tust. Darüber hinaus können es auch innere Beweggründe sein, weil du weißt, dass du anderen Menschen mit deiner Arbeit hilfst und ihnen etwas Gutes tun kannst.

2) **Extrinsische Motivation** ist die Antriebskraft von außen, die durch äußere Reize wahrgenommen wird. Sie kann sowohl positiv als auch negativ ausgelöst werden (Belohnung oder Bestrafung). So können wir ein bestimmtes Verhalten an den Tag legen, damit wir nicht bestraft werden (z. B. Abmahnung) oder etwas tun, weil du weißt, dass dich eine Belohnung erwartet (z. B. eine Gehaltserhöhung).

Die Triebfedern für ein selbstmotiviertes Handeln liegen vor allem darin, dass wir sie in unserer Persönlichkeit wiederfinden können. Es kommt somit häufig ganz darauf an, wie wir aufgewachsen sind und welche Fähigkeiten wir entwickelt haben. Welche Werte sind uns mit auf den Weg gegeben worden und was haben wir in unser Leben visualisiert und fokussiert? All dies spielt im Hinblick auf die Eigenmotivation eine wichtige Rolle.

Wir können den Antrieb von innen wunderbar dafür einsetzen, ein bestimmtes Projekt, Bestreben, eine Vision oder einen Wunsch zu erreichen.

Was auch immer es ist, das du dir vorgenommen hast – mit der entsprechenden Portion an Selbstmotivation gelingt es dir, an dein gesetztes Ziel zu kommen. Darüber hinaus hilft sie uns, über unseren Schatten zu springen und den inneren Schweinehund zu besiegen. Genau dies, ist vermutlich der schwierigste aller Schritte.

Initiativkraft kommt nicht, wenn du weiterhin faul auf der Couch liegst und dein Leben an dir vorbeiziehen lässt. Indem wir an uns arbeiten, können wir schon früh morgens mit einem hellen Gemüt aufwachen und den Fokus auf die Verwirklichung unseres Ziels richten.

Du kannst dir dies am Beispiel eines Dart-Spielers vorstellen, der den Pfeil unmotiviert in Richtung Dart-Scheibe wirft. Bereits beim Wurf können wir sehen, dass er keine wirkliche Lust auf das Spiel hat und nicht an sich glaubt. Bist du jedoch mit deinem ganzen Wesen bei der Sache und hast das Bull's Eye – den roten Punkt in der Mitte – vor Augen, kannst du es auch treffen. Genau dies macht den Unterschied aus, zwischen einem motivierten Menschen und einem, der es nicht ist.

Wir halten fest, der Ansporn kommt von innen heraus. Das Ziel können wir manchmal nicht sehen oder anfassen, es liegt in der Zukunft und existiert nur in unserem Kopf. Indem wir es uns jedoch immer wieder vor Augen führen und verbildlichen, können wir es Realität werden lassen.

Unsere Vorstellungskraft spielt eine wichtige Rolle und setzt den Hebel in Bewegung. Nicht nur im privaten Bereich ist Selbstmotivation entscheidend, im Beruf trägt sie ebenfalls eine große Bedeutung. Dies erkennen wir, wenn wir eine Führungsposition innehalten und andere inspirieren sollen. Ohne Antrieb ist es schwierig andere zu begeistern!

Was spornt uns Menschen an?

Es gibt im Leben viel, was uns Menschen anspornt und inspiriert. Doch glauben wir Motivationsforschern, die sich bereits seit vielen Jahren und Generationen mit dieser Thematik beschäftigen, können die Beweggründe auf drei Bereiche herunter gebrochen werden. Die eigene Lebensführung, die gemachten Fortschritte sowie den Zweck, warum wir etwas tun.

Der Sozial- und Verhaltenspsychologe David McClelland hatte in seinen Forschungen in diesem Rahmen drei essenzielle Bedürfnisse des Menschen ausfindig gemacht: Das Bedürfnis nach Erfolg, die Macht und die Zugehörigkeit. Aus diesen Bedürfnissen sind die Motive entstanden, die uns Menschen antreiben, eine bestimmte Handlung auszuführen oder ein bestimmtes Ergebnis herbei zu führen.

Der Gründer dieser Theorie erklärte darüber hinaus, dass die drei Bedürfnisse sich individuell gestalten und sie von Herkunft, Kultur, Erfahrungen und anderen sozialen Aspekten abhängig sind.

Es handelt sich somit um eine Theorie, bei der die sogenannten „drei großen“ Bedürfnisse (*The Big Three*) zufriedengestellt werden. Auf dieser Basis können dann die drei folgenden Fragen gestellt werden:

1) **Wie** gehe ich vor / wie gehe ich durchs Leben (z. B. Führe und gestalte ich mein Leben selbst oder lasse ich mich von außen beeinflussen)?

2) **Was** habe ich bereits verändert / was möchte ich verändern (z. B. Was habe ich in den letzten Jahren erreicht)?

3) **Wozu** tue ich, was ich tue / wozu bin ich hier (z. B. Wozu schreibe ich dieses Buch)?

Du kannst dir an dieser Stelle einen Moment Zeit nehmen und in dich gehen: Wie führst du dein Leben, was hast du in den letzten Jahren erreicht und wozu tust du es? Die Fragen können verschiedene Bereiche deines Lebens reflektieren, wie z. B. Job, Sport oder Familie.

Im Nachfolgenden schauen wir uns diese drei Bereiche im Detail an:

1) Eigene Lebensführung

Kannst du leben, wie du es möchtest, oder wirst du von anderen geleitet und beeinflusst?

Erfüllen wir immer das, was andere von uns verlangen, kann ein limitierendes Gefühl entstehen. Indem wir unser Leben so führen, wie wir möchten, können wir mehr Freiheit in uns spüren und mit unseren Visionen und Wünschen verstärkt in Kontakt treten.

Es ist dabei völlig normal, sich ab und zu von anderen Menschen leiten zu lassen (z. B. im Job oder der Familie), doch sollten deine Entscheidungen möglichst aus dir selbst herauskommen. Daher ist es stets von Vorteil zu schauen, wie du dein Lebensweg gestaltest und wie du deine Entscheidungen triffst – aus der inneren Motivation oder unter Beeinflussung anderer?

2) Fortschritte

Indem wir uns für einen gewissen Zeitraum ansehen, wie wir uns entwickelt haben, können wir darin Inspiration finden. Nehmen wir an, du möchtest eine neue Sprache lernen und bist schon nach wenigen Tagen frustriert, weil du keinen Fortschritt siehst. Übst du jedoch weiter, kannst du nach einer Weile zurücksehen und feststellen, dass du weit mehr weißt als noch vor einigen Wochen.

Bleibst du also am Ball und lernst weiter, wirst du dein Vokabular aufbauen und schon bald erste Sätze bilden können. Es ist daher wichtig, immer wieder zu prüfen, wie wir uns weiterentwickeln und dass wir den Mut nicht verlieren. Denn die kleinen Erfolge treiben uns an das große Gesamtziel zu erreichen!

Entscheidend ist, dass wir etwas lernen, für das wir brennen. Natürlich können wir in allen Interessensbereichen unseres Lebens Fortschritte machen. Doch je mehr wir mit dem verbunden sind, was uns wirklich interessiert, können wir uns für diese Tätigkeit besser motivieren.

Was ist es also, das du in deinem Leben lernen möchtest, und was hast du bereits verändert?

3) Sinn und Zweck

Kennst du das Gefühl, immer einen Sinn zu benötigen, um etwas zu vollbringen? So brauchen wir stets eine Vision, um gewisse Dinge zu tun. Dies gilt auch für die Motivation und die Frage nach dem „Warum“ oder „Wozu“. Wozu stehst du am Morgen auf? Weshalb gibst Du Dir Mühe an der Arbeit und warum lässt du deine Tasse Kaffee stehen, wenn der Kollege Hilfe braucht?

Es gibt Handlungen im Leben, die wir besonders gerne tun und andere eher widerwillig. Haben Tätigkeiten Sinn, führen wir sie lieber aus. Dies können wir auch bei Kindern sehen.

Wenn sie einen Grund finden, ihr Zimmer aufzuräumen, wird das Zimmer umso schneller sauber sein. Meist ist hier der Zweck eine Belohnung, die am Ende wartet und selbst wenn es nur die Anerkennung der Eltern ist.

Was ist es für dich? Kennst du dein wozu in jedem Moment? Viele Menschen wissen mit ihrer täglichen Arbeit, was sie bewirken, da sie es direkt vor Augen haben. Der Kunde bedankt sich, der Chef ist zufrieden und du bist ausgeglichen. Wir können auch einen Sinn darin erkennen, wozu wir uns im Fitnessstudio quälen und weniger Zucker essen, wenn die Pfunde purzeln.

„Wenn man ein wozu des Lebens hat, erträgt man jedes wie."

Friedrich Nietzsche

Im Hinblick auf die Selbstmotivation können uns nicht nur Zweifel, Ängste oder Sorgen im Weg stehen. So kommt auch eine bestimmte Denkstruktur zum Vorschein – das Wenn-Dann-Denken. Vielleicht kennst du diese Gedanken, die wie folgt aussehen können:

- „Wenn ich das Auto habe, werde ich freier sein."
- „Wenn ich mehr habe, werde ich glücklicher sein."
- „Wenn ich das tue, werde ich von anderen akzeptiert."

In diesem Gedanken-Konstrukt bilden wir uns etwas ein, das nicht der Wahrheit entspricht. So kommt es zu einer Konditionierung unseres Verhaltens, da wir denken, dass wir nur dann etwas sind, wenn wir etwas Bestimmtes besitzen. Das Fundament bietet somit die extrinsische Motivation in Verbindung mit der Wenn-Dann-Formel.

Was jedoch in vielen Fällen ihre Wirkung zeigt, ist eine Belohnung. So können wir uns etwas ausmalen, mit dem wir uns selbst honorieren können, wenn wir etwas erreicht haben (z. B. ein Wellness-Wochenende nach dem Projektabschluss). Doch es sind nicht nur die großen Ziele, die gefeiert werden möchten, sondern auch die kleinen Ziele und Erfolge im Leben. Nimm daher jeden einzelnen Schritt auf deinem Weg wahr und gönne dir ab und zu einen Moment des Erfolgs und der Anerkennung.

Wählen wir jedoch extrinsische Motivatoren, können uns diese nach einer gewissen Zeit abhängig machen. Dies kann sich darin zeigen, dass wir uns immer wieder nach mehr Geld, Kompensation, einem Bonus oder externen Gütern sehnen. Liegt der Antrieb jedoch in unserem Inneren, so können wir uns vollkommen auf die intrinsische Motivation stützen.

Was hilft, wenn der Antrieb fehlt?

Kennst du diesen Moment, in dem du einfach keine Energie aufbringen kannst? Es fehlt dir an der Lust zum Leben, kannst dich schon morgens nicht dazu aufraffen aufzustehen, die E-Mails zu lesen oder überhaupt an die Termine zu denken, die an diesem Tag anstehen? Genau dies passiert täglich zahlreichen Menschen – sie haben keinen überzeugenden Grund! Dieses Phänomen zeigt sich nicht nur am Morgen, sondern zieht sich durch den gesamten Tag.

Indem wir lernen, was es mit der Motivation auf sich hat, können wir etwas an unserer Lebensqualität verändern. Jeder von uns hat es selbst in der Hand, wie es um das eigene Lebensglück bestellt ist und wie motiviert wir durch den Tag gehen. Doch wie sieht es aus, wenn tatsächlich der Antrieb fehlt und was kann in einem solchen Fall getan werden?

Im Hinblick auf den Enthusiasmus hat der Philosoph und Psychiater Viktor Frankl eine Existenztheorie aufgestellt. So war er der Ansicht, dass es bei der Tatkraft vor allem darum gehe, dass wir Menschen einen Willen zum Sinn besitzen. Fehlt es an diesem bzw. sehen wir keinen, kann sich dies in deprimierten Verhaltensweisen äußern und zu einer Depression führen.

Wir können dies an einem Beispiel im Hinblick auf eine berufliche Aktivität verbildlichen. Siehst du in dieser keinen Sinn mehr und weißt nicht, wozu du sie noch ausführst, kann dies eine Welle von Gedanken auslösen. Wir beginnen ferner damit, nicht nur den Job infrage zu stellen, sondern auch Familie, Partner, Wohnort und Lebensführung. Darüber hinaus kann sich ein bekümmertes Verhalten in alltäglichen Situationen zeigen.

Fehlt es an der Bereitschaft, kann dies somit erhebliche Folgen haben, wie eine Depression oder ein Burn-out. Wir fühlen uns unmotiviert und viele sehen keinen Ausweg aus ihrer Situation. Vieles im Leben wird negativ gesehen und auch das, was zuvor Spaß gemacht hat, hat keinen Sinn mehr. Während die Melancholie in jeglichen Momenten des Lebens auftreten kann, gibt, es bestimme Lebensabschnitte, in denen es zu einer Kumulation kommt, wie zum Beispiel der Midlife-Crisis.

In solchen Momenten werden Sorgen, Zweifel, Ängste sowie andere negative Gedanken angesammelt und stocken sich auf. Diese Ansammlung kann zu einem Stopp des Lebensflusses führen und es wird alles infrage gestellt. Mit anderen Worten: Wir befinden uns in einer Sinnkrise.

„Wenn wir nicht mehr in der Lage dazu sind, eine Situation zu ändern, werden wir herausgefordert, uns selbst zu ändern.“

Viktor Frankl

Der Mangel an Lebensfreude kann darüber hinaus auch durch Schicksalsschläge ausgelöst werden (z. B. Trennung, Jobverlust, Tod eines geliebten Menschen). Der Psychiater Viktor Frankl war stets der Meinung, dass wir in solchen Momenten vom Leben herausgefordert werden, etwas an uns selbst zu ändern. Wir können daran sehen, dass wir Menschen dazu in der Lage sind, nach einer angemessenen, notwendigen und sinnvollen Trauerphase auch die schlimmsten und tragischsten Schicksalsschläge zu nutzen, um uns selbst zu ändern.

Dies bedeutet nicht, dass wir direkt unser gesamtes Leben auf den Kopf zu stellen haben. Doch wir können die Situation als Chance sehen, wissend daraus zu lernen und künftig etwas zu verbessern.

Ein Beispiel aus dem Leben kann ein plötzliches Beziehungsende sein. Von einem Tag auf den anderen trennt sich ein Partner nach vielen langen Ehejahren. Anstatt aber den Kopf hängen zu lassen, fasst der oder die Verlassene, nach Aufarbeitung der Trennung, neue innere Kraft und Mut, geht mit erhobenem Kopf weiter durch das Leben und trifft nach kurzer Zeit auf den Traumpartner. Genau dies zeigt innere Stärke, gute Gedankengänge sowie Kraft und hilft dabei, Herausforderungen zu meistern und große Veränderungen zum positiven zu bewirken.

Es gibt zahlreiche Situationen im Leben, in denen wir uns dieser oder ähnlichen Herausforderungen zu stellen haben. Je begeisterter wir Anlauf nehmen, desto leichter werden wir die Hürden des Lebens überspringen. Am Bestimmungsort angekommen, kannst du feststellen, dass es sich gelohnt hat, diesen Weg auf dich zu nehmen, auch wenn es kein Einfacher gewesen ist. Übe dich darin, positive Gedanken und Gefühle zu schaffen, die dir Kraft geben.

Anstatt also die Hoffnung aufzugeben, kannst du deine Gedanken nutzen, jedes erdenkliche und gewünschte Ergebnis im Leben zu erreichen. Hast du das vor Augen, kann auch die Lebenslust klar zum Vorschein kommen und dich anspornen. Das Gefühl, etwas erreicht zu haben, kann wunderbare Emotionen in dir auslösen und aus der negativen Gedankenspirale hinaus helfen.

Hindernisse (z. B. negatives Denken und Gefühle, Probleme oder ein Schicksalsschlag) kommen nicht ins Leben, um uns zu blockieren, sondern um uns zu helfen. Wir können dank dieser Herausforderungen, auf unseren Weg besser bestehen, aus Stärken und Schwächen lernen und mit positiven Gedanken vorangehen.

„Große Notfälle und Krisen zeigen uns, um wie viel größer unsere vitalen Ressourcen sind, als wir selbst annahmen."

William James
(1842-1910), US-amer. Psychologe und Philosoph

Mach dir evtl. störende Beweggründe, die dich von deinem Ziel abhalten könnten bewusst und ändere sie gegebenenfalls. Was ist hier gemeint? Nehmen wir an, dein Wunsch wäre es, eine Führungsposition zu bekleiden, die derzeit in deinem Unternehmen ausgeschrieben ist. Jetzt unternimmst du bereits erste Schritte, den Job zu bekommen. Sprichst mit deinem Vorgesetzten oder direkt mit dem entscheidenden Chef. Die Bewerbung ist praktisch schon versandt, aber du schickst sie nicht ab. Du hast dir die Stellenbeschreibung zwar genau angesehen, trotzdem bist du dir nicht sicher, welche Art von Tätigkeiten auf dich zukommt und ob du vielleicht Aufgaben haben wirst, die dir keinen Spaß machen. Du weißt, dass du eigentlich nicht so eine große Lust hast, Verantwortung zu übernehmen und das Ansprechen von unangenehmen Themen bei deinen untergeordneten Mitarbeitern liegt dir nicht, weil du das nicht gerne machst.

Du hast nun die Situation, dass du gerne Führungskraft werden möchtest aber auch Gründe weswegen nicht.

Als Erstes musst du dich natürlich entscheiden. Führungskraft, mehr Gehalt und alles was es an Annehmlichkeiten mit sich bringt oder lieber die verneinenden Gründe siegen lassen.

Entscheidest du dich, für die Beförderung musst du zwangsläufig deine Einstellung und Gründe ändern.

Konkret heißt das: „Ich übernehme gerne Verantwortung und das Ansprechen meiner Mitarbeiter auf verbesserungswürdige Arbeitsweisen macht mir sehr viel Spaß, weil ich dadurch einen Beitrag leisten kann, damit das Unternehmen Erfolge einfährt."

Entscheidest Du Dich für die verneinenden Gründe, bleibst du in deiner Komfortzone und nichts ändert sich.

Wichtig ist, dass du dir im Klaren darüber bist, was dich hindert bestimmte Schritte zu gehen und diese entsprechend anzupassen.

Innere Antriebskraft erhöhen!

Sind alle drei Motivationskräfte gegeben (Eigene Lebensführung, Bewusstsein der Fortschritte und der Sinn hinter unserem Handeln), können wir motiviert voranschreiten. Es handelt sich in diesem Falle um eine „Best-Case-Situation". Haben wir also das Gefühl, unser Leben selbst in der Hand zu haben, sind uns über die Fortschritte und Veränderungen bewusst und haben einen Sinn im Leben, können wir die maximale Motivation erreichen.

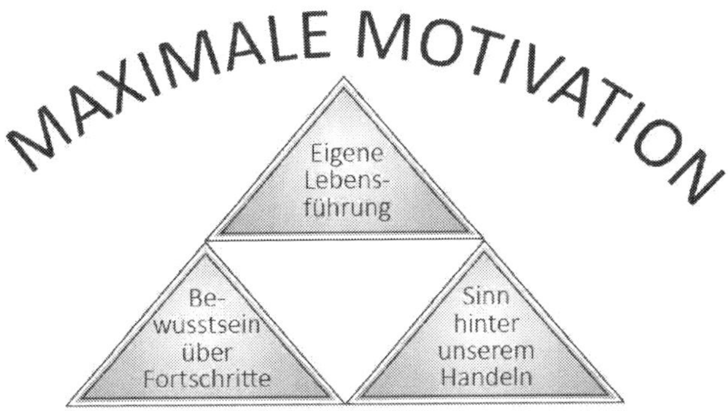

Wichtig dabei ist, den Fokus auf dein Leben und Inneres zu richten und dich niemals mit anderen zu vergleichen. Durch das Konkurrenzdenken lassen wir uns nicht nur von unserem eigenen Weg ablenken, sondern riskieren auch, unser Ziel aus den Augen zu verlieren. Du solltest stets gute Gründe haben, weshalb Du etwas machst und auf deinem Weg bleiben.

Erkenne, was im Leben dir wichtig ist, was du erreichen möchtest, dann schaffst du es auch. Dabei helfen dir nicht nur die äußeren Umstände, sondern auch das, was in dir ist. Was kann das sein? Die Rede ist von Werten wie Dankbarkeit, Freude, Kreativität sowie Mut und Willenskraft. Je mehr wir von diesen inneren positiven Werten in uns spüren, desto leichter kommen wir dem Ersehnten näher.

Es ist nicht nur die Vorstellungskraft, die wir uns zunutze machen, wenn wir Visionen oder Träume erfüllen. Innere Werte sind wichtige Faktoren, wie und ob du erfolgreich bist. Siehst du jedes Problem als Hindernis und beschwerst dich ständig über alles, wird der Weg steiniger.

Das Beschweren können wir an dieser Stelle wörtlich nehmen. Indem du Beschwerden auflöst oder gar nicht erst entstehen lässt und lösungsorientiert mit Durchsetzungskraft handelst, wirst du den Weg unbeschwerter und leichter gehen können. Kombinieren wir somit die innere Vorstellungskraft und Freude, können wir auch die stärksten Rückschläge mit Gelassenheit annehmen.

Schauen wir uns nun 10 Tipps an, mit denen du deine Initiativkraft steigern kannst. Nutze diese, um tief in dich zu gehen und zu sehen, wie es um deine Motivation bestellt ist und was dich eventuell noch davon abhält, dein vollständiges Potenzial zu entfalten. Nimm dir Stift und Zettel zur Hand und schreibe auf, was du verändern möchtest!

1) Spaß und Freude

Wie sieht es mit deiner inneren Einstellung aus? Gehst du mit Freude an dein Leben heran oder siehst du jedes kleine Problem als einen großen Felsen an, vor dem du am liebsten weglaufen möchtest? Indem du die innere Einstellung auf „Freude“ drehst, wirst du auch mit mehr Lebensfreude und Spaß an jedes noch so große Problem herantreten und es bewältigen können. Je positiver deine Einstellung, desto leichter wirst du es haben!

2) Belohnung

Vielleicht kennst du noch das Gefühl aus Kindertagen, wenn deine Eltern oder Lehrer dich für etwas belohnt haben. Ein Gefühl von Freude, Glück und Stolz macht sich in solchen Momenten breit. Heute kannst du dich selbst belohnen und deine großen und kleinen Erfolge feiern. Was tust Du besonders gern? Womit belohnst du dich? Was tut dir gut? Nimm dir Zeit dafür und gönne dir mal etwas!

3) Realistische Ziele

Was willst du erreichen? Ist dein Wunsch in Reichweite und realistisch? Je realistischer dein Bestreben, desto besser ist es zu erreichen. Teile große Strecken in kleine Etappen auf und feiere jede noch so kleine erreichte Station. Schreibe deine Bedürfnisse, Träume und Visionen auf und nimm jedes kleine Detail wahr. Je konkreter und detaillierter du hier vorgehst, umso besser!

4) Post-its

Die kleinen bunten Zettel können uns nicht nur für anstehende Projekte eine Hilfe sein. Auch im Hinblick auf unsere Motivation können wir Post-its nutzen, um uns inspirierende Wörter, Sätze oder Sprüche aufzuschreiben. Was spornt dich an? Schreibe es auf und klebe den Zettel an deinen Computer, an den Spiegel im Badezimmer oder an den Kühlschrank in der Küche.

5) Deadline

Setze dir eine Deadline für deine Vorhaben und steigere deine Schaffenskraft, indem du dich zeitlich unter Druck setzt. Diese Art der Stimulation sollte jedoch nur dann genutzt werden, wenn du zu denjenigen gehörst, die sich durch Druck antreiben lassen. Nimm dir die Freiheit und setze dir deine eigenen Fristen und Deadlines für Termine, Pläne und Projekte.

6) Balance

Nimm immer nur so viel an, wie du auch tragen kannst. Kannst du Ausgleich schaffen und weißt, wann es genug ist? Gib dir die Möglichkeit und sage ganz offen, wenn es reicht. Fahre eine Stufe zurück und setze deine Deadline weiter nach hinten. Indem du die Balance behältst und im Gleichgewicht mit dir selbst durch die Welt gehst, wirst du es einfacher haben und lebensfroh sein.

7) Sinn und Zweck

Was inspiriert dich tief in deinem Inneren? Bei welchen Tätigkeiten kannst du die Zeit vergessen und dich einfach in diesen Moment hineinfallen lassen? Was ist es, das dich von tiefstem Herzen heraus inspiriert und du einen Sinn in deinen Handlungen findest? Vielleicht willst du anderen helfen, die Welt verbessern oder für dein Team oder deine Familie da sein?

8) Visualisierung deines Erfolgs

Das Visualisieren des Erfolgs kann deine Initiative beschleunigen und dir helfen, diese Vorstellung wirklich umzusetzen. Du spornst dich somit selbst dazu an, deine Träume und Visionen wahr zu machen. Die innere Vorstellung kann auf unterschiedliche Art passieren und du hast hier mehrere Möglichkeiten. So kannst du ein Bild malen, eine Foto-Collage aus alten Zeitschriften erstellen oder Gegenstände, die du dir anschaffen möchtest live ansehen oder sogar testen, um deinen Traum vor Augen zu halten.

9) Angstbewältigung

Stelle dich deinen Ängsten und laufe nicht vor ihnen davon. Was ist es, das dir Angst bereitet und dich von der Realisierung deiner Träume abhält? Indem du dich auch deinen größten Ängsten stellst, wirst du mehr Mut und Willenskraft von innen heraus entwickeln und deine Wünsche selbstbewusster angehen können. Hast du das Gefühl, alleine nicht weiterzukommen, nimm die Hilfe Dritter in Anspruch (z. B. enge Freunde, Psychologen oder Coaches).

10) Positive Gefühle

Wie Buddha bereits rund 500 Jahre vor Christus sagte: „Lächle und die Welt verändert sich". Mit anderen Worten: Je positiver wir in die Welt blicken, desto freundlicher schaut diese auf uns zurück. Indem wir sie liebevoll wahrnehmen und unsere Gefühle glücklicher sind, können wir auch Aufgaben und Wünsche mit inspirierenden Denkansätzen und Gefühlen verbinden.

„Lächle und die Welt verändert sich."

Buddha

Du hast nun zehn Ideen kennengelernt, mit denen du deine Willenskraft steigern kannst. Dabei können wir sehen, dass externe Dinge als Mittel zum Zweck nützlich sein können (z. B. die Post-its), der wahre Ansporn jedoch immer von innen kommt. Natürlich kannst du dich auch von anderen Menschen begeistern lassen, wie zum Beispiel von deinem Lehrer, Chef oder deinen Kindern.

All diese Gedanken haben eins gemeinsam: Du hast einen inneren Impuls. Du bewegst dich, um das zu erreichen, was du willst. Wir kommen immer wieder an bestimmte Punkte im Leben, wo wir uns auf andere Menschen verlassen. Doch was ist, wenn diese Menschen nicht an Ort und Stelle sind? Spätestens dann wird es Zeit, etwas an unserer inneren Einstellung zu ändern und den Fokus darauf zu richten, was wirklich wichtig ist!

Ein berühmtes Beispiel ist der angebliche aber nicht alleinige Erfinder der Glühlampe – Thomas Edison. Es wird gesagt, er brachte im Jahre 1878 die erste Glühlampe zum Leuchten und hatte bis dahin einige Rückschläge in Kauf zu nehmen. Tatsächlich hatte Joseph Swan bereits Jahre vorher die Glühlampe entwickelt, Edison machte ihn zum Partner und kassierte die Lorbeeren. Er hat also weitergemacht, indem er neue Wege gegangen ist. Sein Ziel hat er dabei nicht aus den Augen verloren und dies hat ihn am Ende zum offiziellen „Lichtgott" gemacht obwohl er es nicht wirklich als erster erfunden hatte. Er prägte den Spruch:

"Ich habe nicht versagt. Ich habe nur 10.000 Wege gefunden, die nicht funktionieren."

Thomas Edison

Der ohne Frage sehr inspirierend ist, wenn es darum geht, an etwas dran zu bleiben, bis man sein Ziel erreicht hat.

Anstatt also den Kopf in den Sand zu stecken, suche nach anderen Wegen, wie du deine Träume realisieren kannst. Wähle dabei jedoch niemals Wege, bei denen Du andere benachteiligst oder dich an deren Errungenschaften bereicherst. Das fällt früher oder später auf dich zurück.

Mit positiven Gedanken, neuen Ideen und einem Sinn und Zweck vor Augen können wir nicht nur Pläne schmieden, sondern auch neue Hobbys auf-nehmen sowie mutiger und gelassener durchs Leben gehen. Da können auch Tausende von Hindernissen und Problemen auftreten – du bleibst ambitioniert bei der Sache!

Selbst-Test: Wie motiviert bist du?

In diesem Abschnitt stellen wir uns nun einem Selbst-Test, der uns zeigt, wie motiviert wir tatsächlich sind. Es geht hierbei weniger darum, dich so gut wie möglich darzustellen. Vielmehr helfen dir die Fragen dabei herauszufinden, wo du in deinem Leben stehst und was du tun kannst, um deinen inneren Antrieb zu verbessern. Je ehrlicher du zu dir selbst bist, desto mehr Erfolg wirst du auch haben – sowohl in diesem Test als auch im Leben!

Wer schreibt, der bleibt! - Nimm dir also Zettel und Stift zur Hand und schreibe deine Antworten auf.

1) **Fokus finden**: Fällt es dir schwer, dich zu konzentrieren, und lässt du dich durch eine Nachricht auf deinem Handy oder einem Anruf ablenken oder bleibst du fokussiert und widmest dich in einer Pause den eingehenden Nachrichten?

2) **Motivation von innen**: Brauchst du die Anerkennung von anderen, um dich geliebt zu fühlen oder zu wissen, dass du etwas gut gemacht hast? Kannst du nur dann etwas zu Ende bringen, wenn du positives Feedback erhältst, oder bist du an allen Tagen gleichmäßig motiviert, unbeeinflusst davon, was andere sagen?

3) **Dinge erledigen**: Wie lange brauchst du für deine Aufgaben? Erledigst du sie auf der Stelle oder schiebst du sie so lange wie möglich vor dir her? Musst du dich vielleicht am Ende sogar dazu zwingen, die Aufgabe auszuführen?

4) **Verantwortung übernehmen**: Gibst du die Verantwortung lieber ab und hältst dich im Hintergrund? Wann immer sich jemand anbietet, eine Aufgabe zu übernehmen, gibst du sie dankbar ab oder nimmst du die verantwortungsvolle Rolle an und lebst sie aus?

5) **Blick für den Moment**: Hast du schon am Morgen eine miese Laune, wenn du an den Tag und seine Termine denkst, oder kannst du bewusst in diesem Moment sein?

6) **Gleichgewicht finden**: Du siehst deine täglichen Aufgaben als unwichtig an oder fühlst dich unterfordert? Dann gibt es wieder Momente, in denen du dich überfordert siehst und am liebsten alles hinwerfen würdest oder bist du stets im Gleichgewicht und kannst deine Tätigkeiten ausbalancieren?

7) **Pausen gönnen**: Kannst du dir auch mal eine Pause gönnen oder arbeitest du durch? Fällt es dir schwer, dich nach einer Pause wieder

dem Projekt zu widmen oder mit der Arbeit weiterzumachen?

8) **Intention setzen**: Was motiviert dich in deinem Leben, deiner Arbeit und auf deinem Lebensweg? Ist es das Geld, das du verdienst oder hast du einen inneren (immateriellen) Antrieb, der dich vorantreibt?

9) **Anfang finden**: Du weißt einfach nicht, wo du anfangen sollst und dich verlässt schon nach kurzer Zeit der Mut? Findest du einfach keinen Zugang, wie du das Projekt starten kannst, oder fällt dir der Anfang leicht, die weitere Durchführung jedoch schwerer?

10) **Ausreden beilegen**: Gehörst du zu den Menschen, die immer wieder Ausreden finden, um nicht anzufangen oder etwas aufgeben, bevor sie angefangen haben?

Nimm diese Fragen für dich auf und sei ehrlich zu dir selbst. Auf diese Weise wirst du herausfinden, wo du stehst und inwiefern du noch etwas tun kannst, um deinen inneren Antrieb zu verbessern.

Sei dir bewusst, deine eigenen Gedanken sind verantwortlich dafür, ob Du unmotiviert oder inspiriert durch das Leben gehst.

Power-Tipps für dein neues Leben

Arnold Schwarzenegger ist noch heute ein beliebtes Vorbild für viele Bodybuilder. So zeigt sein Lebensweg, dass es möglich ist, das Unmögliche zu erreichen. Mit Ehrgeiz, Mut und innerer Willensstärke hat es Arnold Schwarzenegger nicht nur zum Bodybuilder geschafft, sondern auch als Schauspieler auf internationale Kinoleinwände und als Politiker an die Spitze von Kalifornien.

Sein Werdegang zeigt, dass wir dazu in der Lage sind, erfolgreich zu sein, indem wir mit Disziplin dabeibleiben und das Ziel nicht aus den Augen verlieren. Mit einer klaren Vision im Herzen können wir nicht nur erfolgreicher sein, sondern auch glücklicher! Hier nun fünf Power-Tipps auf den Punkt gebracht:

1) Dein Ziel

Die wahre Begeisterung für dein Leben findest du darin, dass du eine Vision hast. Diese sollte dich inspirieren, auch Hindernisse und Probleme in Kauf zu nehmen. So können uns Sehnsüchte, die für uns wichtig sind, für eine unlimitierte Zeit inspirieren und vorantreiben. Wie das Universum wird dieses Projekt, der Traum oder Wunsch niemals enden und stets in dir aufleben.

a) **Power-Tipp 1 :** Setze Ziele, die dich inspirieren und regelmäßig Neue, um deinen Tatendrang am Laufen zu halten!

2) Deine Vision

Kennst du deine Vision und hast du einen Traum vor Augen, den du leben willst? Was auch immer es ist – mache es wahr! Stell dir diese Welt genauso vor, wie du sie sehen möchtest. So wie jeder Fußballspieler das große Ziel hat, es mit seiner Mannschaft ganz nach oben zu schaffen, wird er dafür sorgen, so viele Tore wie möglich zu schießen und nicht aufzugeben.

Genau dies kannst auch du tun und deine Vision aufrechterhalten. Der Traum sollte dabei so groß wie möglich sein und dennoch realistisch. Das Ziel ist es, aus der Komfortzone herauszutreten und die Gewohnheiten über Bord zu werfen, die dich abhalten.

b) **Power-Tipp 2 :** Finde eine realistische Vision, die dich aus deiner Komfortzone herauszieht!

3) Sei hungrig!

Unsere Vorfahren haben es uns vorgemacht. So gingen sie tagsüber auf die Suche nach Nahrungsmitteln und kamen häufig spät abends ausgehungert nach Hause. Der Appetit trieb sie an, ihr Ziel zu erreichen. Wie kannst du diesen Antrieb in dein Leben lassen und ihn spüren? Je hungriger du nach deinem Ziel bist, desto mehr wirst du auch geben, es zu erreichen.

c) **Power-Tipp 3 :** Sei hungrig nach deinen Zielen und deiner Vision!

„Für mich bedeutet Leben, ständig hungrig zu sein.

Der Sinn des Lebens ist, nicht einfach zu existieren, zu überleben, sondern weiterzukommen, aufzusteigen, etwas zu erreichen, zu erobern."

Arnold Schwarzenegger

4) **Nur du!**

Vergleiche dich nicht mit anderen, wenn du dein Ziel erreichen willst. Denn dein Vorhaben ist dein ganz persönliches Projekt und es bringt dich nicht weiter, wenn du dich mit anderen vergleichst. Gewinne und halte die Energie und die Disziplin, indem du dich auf deine Vision fokussierst und die entsprechenden Hebel in Bewegung setzt. Du bestimmst das Tempo und die Richtung!

Vergleiche dich daher mit dir selbst anstatt mit anderen. Wo warst du noch vor zwei oder drei Jahren und wo bist du heute? Wo möchtest du in einem Jahr sein und was musst du dafür tun?

d) **Power-Tipp 4 :** Vergleiche dich mit dir selbst und du wirst zu einer besseren Form von dir selbst finden!

5) **Lass los!**

Die Vergangenheit ist ein großer Faktor dafür, warum es viele Menschen nicht über ihre Komfortzone hinausschaffen. Sowohl Verlustängste also auch die Angst davor, vergangene Fehler zu wiederholen oder andere Menschen zu enttäuschen, können auftauchen. All dies ist vorbei und du kannst nichts tun, um das Vergangene zu ändern. Was du allerdings verändern kannst, ist das Hier und Jetzt.

Die Vergangenheit bringt oftmals nichts weiter als Lasten mit sich. Auch wenn es mit Zeit und Fleiß verbunden ist, so bist du in der Lage, von negativen Erlebnissen, Gefühlen und Ängsten loszulassen. All dies existiert nur noch in deinem Kopf und ist nichts als Ballast, den du abzulegen hast. Je früher, desto besser!

e) **Power-Tipp 5 :** Nutze diesen Moment dafür, um über dich und deine Grenzen hinauszugehen und die Vergangenheit hinter dir zu lassen.

„Ist unsere Motivation stark und heilsam, können wir alles vollbringen."

Dalai Lama

Mentales Training

Was ist das?

Alles was wir uns vorstellen, können wir auch schaffen. Mithilfe unserer Vorstellungskraft erschließen wir unser ganzes Potenzial, um Ziele schneller und leichter zu erreichen.

Deshalb funktioniert mentales Training:
Der Gehirn-Code!

Wenn du jetzt etwas skeptisch bist, ist dir das nicht zu verübeln. Nur weil ich es denke, wird es real? Es klingt zu einfach und verrückt. Doch genauso ist es.

Erklärung: Betrachte dein Gehirn mal wie einen Computer, eine Art Festplatte. Hier werden Daten verarbeitet und gespeichert. Ein Datenträger unterscheidet nicht selbstständig, ob eine Information persönlich erlebt wurde oder in unserer Fantasie entstand. Das Gehirn hält ebenfalls nicht auseinander, ob ein Gefühl real erzeugt oder fiktiv erlebt wurde. Lediglich wir selbst bringen diesen Unterschied ins Spiel, wenn wir es denn wollen oder für nützlich erachten. Vereinfacht gesagt, ob du etwas tatsächlich physisch oder nur geistig übst, beides funktioniert. Du wirst überrascht sein, dass mentale Einheiten sogar stärkere Ergebnisse erzielen.

Das kannst du für dich nutzen. In deiner Vorstellung schaffst du Erfahrungen, die dein Gehirn so hinterlegt, als hättest Du diese in Wirklichkeit erlebt! Dies kann helfen, etwas überzeugend darzustellen, als hättest Du es bereits tatsächlich gemacht oder etwas das du in der Zukunft vorhast auf diesem Wege zu üben und anhand deiner Vorstellungskraft in dein Leben zu ziehen. Du stellst dir etwas vor und spielst es immer wieder detailliert in deinen Gedanken durch, bis es sich entweder vollständig real anfühlt oder es tatsächlich eintrifft.

In manchen Bereichen ist mentales Training dem Realen sogar überlegen. Dazu eine amerikanische Studie:

Die Basketball-Mannschaft einer Hochschule wurde in 3 Gruppen eingeteilt.

Gruppe A übte täglich 120 min. den Basketball in den Korb zu werfen.

Gruppe B trainierte täglich 30 min. Körbe werfen und zusätzlich weitere 30 min. in dem sie sich vorstellten, den Ball in den Korb zu treffen.

Gruppe C trainierte täglich 60 min. ausschließlich mental.

3 Wochen später: Das Ergebnis der Gruppe A hatte sich leicht gesteigert. Gruppe B und C konnten ihre Leistungen deutlich steigern, obwohl sie weniger bzw. gar nicht physisch trainiert hatten.

Diese mentale Kraft ist beeindruckend oder?

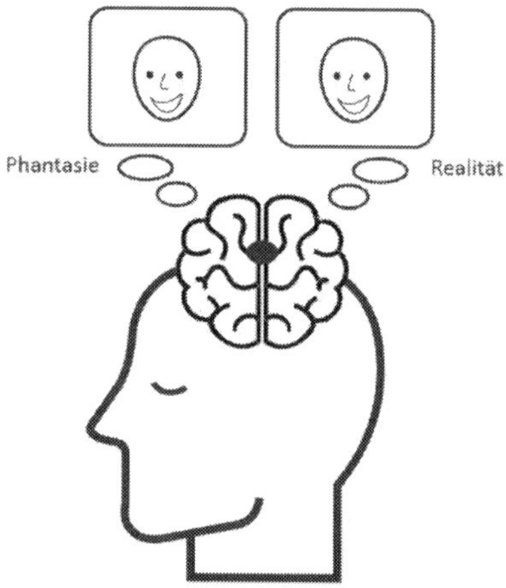

Welche Arten gibt es?

Meditation und Entspannungsmethoden bringen Dich in einen ruhigen und fokussierten Zustand. Das hilft besonders, wenn du weniger zerstreut und mehr fokussiert sein möchtest.

Autogenes Training ist ein Verfahren, durch Suggestion in einen tiefen entspannten Daseinszustand zu gelangen. Dies kann von dir genutzt werden, wenn du kleine Ängste überwinden oder dein Verhalten ändern möchtest – auch Stress- und Suchtverhalten.

Affirmationen und Mantras – durch einfache Sätze beeinflusst du dein Unter- und Bewusstsein.

Achtsamkeitsübungen – hier trainierst du bewusst deinen Geist in den Fokus zu stellen. Du wirst aufmerksamer und achtsamer.

Visualisierung mentaler Bilder - Bei dieser Methode stellst du dir innerlich Situationen vor, wie du sie erleben möchtest.

Brainstorming, Mind Mapping und Cluster Mapping - diese Methoden trainieren kreative Leistungen und können zur außergewöhnlichen Ideenfindung genutzt werden.

Mentales Training kann:

- Sportliche Leistungen verbessern.
- Achtsamer, glücklicher und dankbarer machen.
- Ängste mindern und Blockaden abbauen.
- Gewicht reduzieren.
- Versagensängste zum Beispiel Lampenfieber oder Prüfungsangst aufheben.
- Beziehungen verbessern.
- Selbstbewusstsein stärken.
- Stress verringern und Entspannung fördern.
- Kreativität steigern.

Für die Motivation ist besonders die Visualisierung der mentalen Bilder geeignet, um dir das besser vorstellen zu können, folgt ein konkretes Beispiel.

Du brauchst dazu:

- Deinen Kopf und ein ruhiges Plätzchen
- Zeit: Der Zeitaufwand richtet sich nach der Komplexität deines Zieles und wie geübt oder begabt du mit deiner Vorstellungskraft bist. Als Anfänger solltest du für die Entspannung und Festigung täglich 15-30 min. üben, um ein Ergebnis zu erreichen. Nach bereits 2 Wochen solltest du die Bilder bereits nach 5 min. abrufen können, später noch früher.

Und so einfach geht's:

Setze dich aufrecht und entspannt hin. Deine Zahnreihen berühren sich nicht und deine Zunge liegt im oberen Gaumen.

Schließe die Augen und atme 3 Atemzüge tief ein und aus.

Gehe mental in eine spezielle Situation, die du genauso und nicht anders erleben willst.

Male dein inneres Bild so detailreich wie möglich. Wie fühlst du dich in dieser Situation?

Beobachte dich aus der Vogelperspektive: Was machst du und wie? Stell dir genau vor in welcher Geschwindigkeit und Reihenfolge du bestimmte Handlungen unternimmst und was für Empfindungen du während dessen hast. Je lebendiger und aufwendiger du Erlebnisse ausschmückst, desto besser verankerst du diese in dir.

Schalte alle Selbstzweifel ab. Halte deinem inneren Schwarzseher die Hand vor den Mund. Es geht jetzt nicht um ihn, sondern um deine Fantasien, Träume und Ziele - du bist der Chefdesigner.

Das mentale Trainieren funktioniert nur, wenn du auch in deinem echten Leben übst. Ein Volleyballspiel gewinnst du nicht im Sitzen. Dein ganzer Körper verknüpft sich beim tatsächlichen Spiel mit deinem Verstand und deine Kommunikation im Team wird parallel verfeinert und gestärkt.

Beispiel mentales Bild zum Abnehmen:

Du gehst am Strand spazieren. Die Luft riecht nach Salz. Heißer Sand. Arme, Beine, Schultern, Bauch und Po – dein ganzer Körper ist fest. Alles an dir sitzt perfekt, du fühlst dich leicht, fit, schön und sexy. Du strahlst mit der Sonne um die Wette und bist so happy, dass du am liebsten in die Luft springen würdest.

Beispiel mentales Bild beruflicher Erfolg:

Du sitzt in deinem eigenen Büro. Alles ist modern eingerichtet, hell und im besten Design. Dein Anzug sitzt perfekt, dein Aussehen ist entspannt und attraktiv gleichzeitig. So fühlst du dich auch. Du hast alles im Griff. Das Meeting ist bestens vorbereitet. Die Verhandlungen laufen wie geplant. Die Verträge werden abgeschlossen, du erntest Respekt, Anerkennung und gehst zur Belohnung eine Stunde früher als sonst zum Golfen.

Beispiel mentales Bild harmonische Beziehung:

Du nimmst die Bedürfnisse deines Partners wahr und achtest ihn. Du genießt die gemeinsame Zeit und ihr begeistert Euch für die gleichen Interessen. Ihr spielt wahnsinnig gern Tennis zusammen und besucht gern Kunstausstellungen. Ihr meditiert gern. Beide sind interessiert, nicht nur sich selbst weiterzuentwickeln, sondern auch den andern in seiner Entwicklung zu unterstützen. Obwohl ihr gern zusammen seid, versucht keiner den anderen abhängig zu machen, und versteht sich selbst auch als eigenes Individuum. Ihr begehrt Euch und habt gleiche sexuelle Vorlieben. Wenn nur noch ein kleines Stück vom Kuchen übrig ist, soll es stets der andere bekommen.

Beispiel mentales Bild sportlicher Erfolg:

Du nimmst an einem 10.000 m Lauf teil, die Strecke, deren Bauwerke und Landschaft inspirieren dich. Jeden Bereich des zu bewältigenden Weges siehst du deutlich und detailliert vor dir. Aufrichtig, zielstrebig, bei guter Körperhaltung und idealer Atmung, beobachtest du die dir zujubelnden und anfeuernden Menschenmengen während du an ihnen vorbeiläufst. Du bist in optimaler Verfassung und spürst bei jedem Schritt, dass Du heute deinen persönlichen Zeitrekord aufstellen wirst. Deine Körperspannung ist optimal, deine Beine sind ganz leicht und tragen dich über die ganze Distanz. So schnell warst du noch nie unterwegs, du hast Rückenwind. Die Mitläufer, die scheinbar schneller sind, spornen dich an sie einzuholen und das tust du. Jetzt bist du ganz vorne und selbst wenn nicht, die Bahn ist frei, sie gehört dir, du läufst die beste Zeit deines Lebens. Erhobenen Hauptes rennst du auf die Zielgerade und gibst noch mal alles bis du schließlich das Ziel passierst und weißt, heute hast du etwas gemacht, was dir vorher noch nie gelungen ist. Du läufst aus, legst dich ins Gras, spürst dich pulsieren und das schönste und größte Glücksgefühl in dir aufkommen, was du jemals hattest.

Konkrete Ziele definieren

Plane so genau und verbindlich, wie es dir nur möglich ist.

Warum ist das wichtig?

Nehmen wir an, du bestellst dir etwas im Internet, wenn du deine Adresse nicht angibst, kommt deine gewünschte Ware niemals bei dir an.

So ist es auch mit deinen Zielen, wenn du diese nicht genau definierst.

Hierbei ist es bedeutsam, dir erst mal ein paar grundlegende Fragen zu stellen.

Davon ausgehend du kennst dein Ziel schon, dann hat sich die 1. Frage „Was ist mein Ziel?“ bereits beantwortet. Falls nicht, ist das selbstverständlich die Erste.

Viel wichtiger als diese, ist allerdings die Frage „Warum ist das eigentlich mein Traum?“ Du solltest dir sehr klar darüber sein, weshalb du es erreichen möchtest, was sind deine Beweggründe? Beim tiefergehenden nachdenken über den Grund, ist schon so mancher auf die Erkenntnis gestoßen, dass er sein Ziel aus einer falschen Motivation heraus erreichen möchte und dies nichts mit dem tatsächlichen Herzenswunsch zu tun hat.

Angenommen, jemand möchte Schauspieler werden, weil man als solcher berühmt sein kann. Das eigentliche Begehren ist hier der Ruhm und weniger das Interesse an der Schauspielerei. Mit dieser Fokussierung wird man wohl kaum gut in dieser Berufung werden. Andere verfolgen Absichten, weil sie diese in die Wiege gelegt bekommen haben, die Eltern erwarten einen bestimmten beruflichen Werdegang von ihnen und sie möchten dem gerecht werden, obwohl sie eigentlich ganz andere Wünsche haben.

Sei dir über deine tatsächlichen Träume und Ziele bewusst und ganz klar, weshalb du diese erreichen möchtest.

Werden deine tiefsten inneren Herzenswünsche durch die gesteckten Ziele wirklich erfüllt? Manche Absichten sortieren sich nach diesen Überlegungen von selbst aus und die wahren kommen deutlich zum Vorschein.

Die 3. Frage „Wohin bringt mich das?“ Sei dir klar wohin du willst, sieh das Ergebnis vor Augen. Ist es das, was du wirklich erreichen willst.

Die 4. Frage „Wie kann ich es erreichen?“ Rufe dir ins Bewusstsein welche Schritte du gehen oder was du machen musst, um deinen Traum zu leben. Je mehr Details und Zwischenschritte du in Erfahrung bringst, desto leichter wird der Weg zu gehen sein.

Vor allem wird das Erlangen deiner Ziele somit greif- und messbar.

Die 5. Frage „Wann fange ich an?" Lege fest, wann du loslegst, und halte dich daran.

Die 6. Frage „Wie viel Zeit plane ich dafür ein bzw. wann wird es erreicht sein?" Lege den Zeitraum und das Datum fest und nutze es als deine Deadline.

7. Falls es eine Örtlichkeit für dein Vorhaben benötigt, bestimme auch den Ort, an dem du es erreichst.

Zur Vereinfachung im Folgenden ein Beispiel mit Fragen und Antworten.

Was? Warum? Wohin? Wie? Wann? Dauer? Ort?

1. Ich möchte 5 kg abnehmen.
2. Für meine Gesundheit und ein strafferes Aussehen
3. Ich fühle mich wohl in meinem Körper und kann meine Wunschgröße wieder spielend tragen.
4. Gesünder und weniger essen. 3x 30 min laufen pro Woche. Montag, Mittwoch, Freitag.
5. In der nächsten Kalenderwoche.

6. 5 Wochen = 1 kg pro Woche / in 6 Kalenderwochen.

7. Laufen im Stadtpark, Waldweg, Sportplatz etc.

Das gleiche Prinzip lässt sich für jede Art der Zielsetzung anwenden.

Gesundheit für Körper, Geist und Seele

In diesem Kapitel sehen wir uns nun an, wie wir konkrete Ziele erreichen können, die mit der Gesundheit unseres Körpers zu tun haben. Dabei wollen wir nicht nur die physischen Aspekte beleuchten, sondern schauen uns auch psychische an. Unser Körper hat hier eine einmalige Qualität: Er kann energetisch aufgeladen werden, um unser Verhalten zu beeinflussen und uns in die gewünschte Richtung zu lenken.

Haben wir ein Ziel (z. B. das Abnehmen), können wir innere Kräfte nutzen, um dieses zu erreichen. Die Motivation aus innen ist somit die Fähigkeit, ein bestimmtes Resultat zu erlangen, indem die physischen und psychischen Kräfte eingesetzt werden. Hierbei ist es wichtig, dass das Energetisieren von dir selbst initiiert wird. Der Eigenantrieb steht somit auch hier wieder im Mittelpunkt.

In diesem Rahmen können wir uns Apps, online Kurse oder einen persönlichen Coach zur Hilfe nehmen, um den Traum zu erfüllen. So gibt es Apps, mit denen wir dazu angespornt werden, täglich hundert Sit-ups zu machen, mehr Gemüse zu essen oder die Blumen zu gießen. Hast du die Aufgabe erfüllt, reagiert die App mit einer Belohnung. Das reale Leben verbindet sich somit mit dem Virtuellen und die Motivation steigt stetig an.

Ein ähnliches Prinzip können wir sehen, wenn wir einkaufen, reisen oder arbeiten. Unternehmen werben mit den besten Bedingungen für ihre Mitarbeiter, in Supermärkten können wir Bonuspunkte sammeln und auch auf Reisen können wir durch Mitgliedskarten günstige Tickets erhalten. Wir werden inspiriert, das Beste aus Einkauf, Reise und Arbeit zu machen.

Psychologe Abraham Maslow hat im Jahr 1954 die Bedürfnispyramide begründet, die sich im Laufe vieler Jahre stark verbreitet hat. In dieser Pyramide sind klare Strukturen zu erkennen und verschiedene Etappen für jeden von uns zu durchlaufen:

1. **Etappe: physiologische Grundbedürfnisse**

   Zu den menschlichen Grundbedürfnissen gehören Aspekte wie Trinken, Essen, Atmung, Wärme und Schlaf. Sind diese gedeckt, kann es in die nächste Stufe gehen. Kein Wunder also, dass wir Menschen es gewohnt sind, uns an diesen Bedürfnissen festzuhalten, wenn wir das Gefühl haben, als würde uns der Boden unter den Füßen weggerissen werden.

2. **Etappe: Sicherheitsbedürfnisse**

Zu den Sicherheitsbedürfnissen gehören alle schützenden Aspekte, wie zum Beispiel der Schutz durch Gesetze und Richtlinien, aber auch das Verlangen nach Geborgenheit und Ordnung. Die Sicherheit kann sowohl körperlicher als auch seelischer Herkunft sein (z. B. materielle Grundsicherung). Auch Aspekte wie die Arbeit, Wohnung oder Haus sowie Familie und Gesundheit stehen hier im Fokus.

3. **Etappe: soziale Bedürfnisse**

Auf dieser Stufe stehen Aspekte wie Zugehörigkeit, Kontakt, Liebe, sozialer Austausch, Unterstützung, Zuneigung, Gemeinschaft, Familie, Freundschaften sowie Gruppenzugehörigkeit im Vordergrund. Wird das soziale Bedürfnis nicht gedeckt, wird intuitiv nach einem Weg gesucht, sozial abgesichert zu sein (z. B. die Suche nach einem neuen Lebenspartner).

4. **Etappe: Selbstwert (individuelle Bedürfnisse)**

Status, Anerkennung und Selbstbestätigung prägen sich auf dieser Ebene aus und zeigen, dass jeder Mensch ein Bedürfnis an Vertrauen, Wertschätzung, Freiheit, Unabhängigkeit und Erfolg hat. Diese Bedürfnisse sind individuell abhängig und können sich daher in ihrer Ausprägung voneinander unterscheiden.

5. **Selbstverwirklichung**

Ein übergeordnetes Ziel wird versucht zu erreichen. Dadurch kommt der Drang zur Selbstverwirklichung stärker zum Ausdruck. Fähigkeiten und Talente wollen hier verwirklicht werden (z. B. Kommunikation, Singen, Tanzen). Erst wenn die ersten vier Bedürfnisgruppen erfüllt wurden, kann die Selbstverwirklichung zum Vorschein kommen.

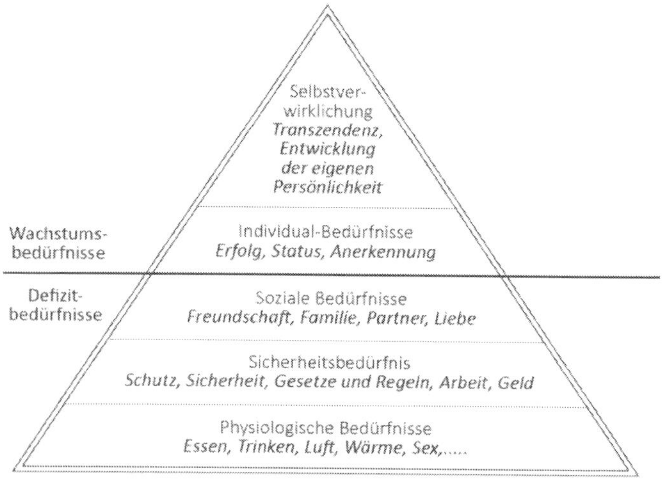

-Angelehnt an A. Maslowsche Bedürfnispyramide-

Auf Basis der Bedürfnispyramide können wir die verschiedenen Bedürfnisse kennenlernen, die jeder von uns in sich trägt. Schauen wir uns hierzu Beispiele auf Basis der einzelnen Etappen an:

a) Bist du hungrig, suchst du nach Essen.
   ⇒ Bedürfnis: Essen

b) Willst du Ordnung im Leben, schaust du dich nach einem sicheren Umfeld um.
   ⇒ Bedürfnis: Ordnung

c) Du suchst nach einem Partner, weil du nicht alleine sein willst.
   ⇒ Bedürfnis: Gemeinschaft

d) Damit du Erfolg im Job hast, machst du Überstunden.
   ⇒ Bedürfnis: Erfolg

e) Du möchtest mehr Freiheit bezüglich Deiner Entscheidungen und Spielraum für Deine Entwicklung.
   ⇒ Bedürfnis: Selbstverwirklichung

„Ziel des Lebens ist Selbstentwicklung.

Das eigene Wesen völlig zur Entfaltung zu bringen, das ist unsere Bestimmung."

Oscar Wilde

Das passiert im Organismus

Befriedigen wir grundlegende lebenserhaltende Bedürfnisse wie Hunger und Durst erleben wir Glücksgefühle. Wir sehnen uns nach Sexualität und freuen uns beim Anblick von geliebten Menschen. Ein erwecktes Verlangen und darauffolgend die Aussicht auf Belohnung motivieren zum Handeln. Hast Du schon mal überlegt, warum das so ist?

Dafür gibt es ein neuronales Belohnungssystem im Gehirn. Erfüllen wir einen „Bedarf" belohnt uns das Denkorgan mit einer Flut von Glücksbotenstoffen. Die Folge: Wohlgefühl und die Erinnerung: Das war super! Das will ich wieder erleben!

Das Ganze funktioniert wie eine Wippe: Ein Auslöser von außen, etwa der Anblick oder der Duft des leckeren Apfels, lässt das limbische System reagieren. Es erzeugt einen Drang, den die Großhirnrinde als bewusstes Verlangen erfasst. Es werden alle Hebel in Bewegung gesetzt, um es zu stillen.

Ist der erste Bissen im Mund, werden Reize gesendet und Dopamin ausgeschüttet und das Glücksgefühl entsteht. Gleichzeitig gelangt der Botenstoff in den Hippocampus, wo verschiedene sensorische Systeme zusammengeschaltet sind, die Vorgänge verarbeitet und an den Cortex - die Großhirnrinde - zurückgesendet. Wir speichern, das hat gutgetan, geschmeckt und glücklich gemacht. Der Hippocampus ist daher wichtig für das Bewerten und Speichern von Situationen.

So kommt es, dass wir, nachdem wir Schokolade gekostet haben, nie genug davon bekommen können und es immer wieder wollen.

Motivation fürs Abnehmen

Wie erreichst du die schlanke Figur, von der du schon seit Jahren träumst und wie kannst du dich für mehr Sport und Bewegung im Alltag anspornen? Erinnern wir uns an das berühmte Beispiel von Arnold Schwarzenegger, der nie aufgegeben hat und die gewünschten Resultate am Ende erzielt hat. Wie auch du das innere Feuer in dir entdecken kannst, schauen wir uns jetzt an!

Grundbedürfnisse treiben uns zum Essen und dahin, den Körper am Leben zu erhalten. In der heutigen Zeit gibt es Lebensmittel im Überfluss und es handelt sich oftmals nicht mehr um Grundbedürfnisse, die gedeckt werden. So greifen wir nach immer mehr Essen und konsumieren rund um die Uhr. Für viele Menschen kann dieses Überangebot überfordernd wirken.

Insbesondere dann, wenn du dir das Ziel gesetzt hast, zu einem normalen Gewicht zurückzukehren oder endlich einen schlanken Körper zu haben, ist es zunächst wichtig, sich mit einer Frage auseinanderzusetzen: Warum konsumiere ich und was steckt hinter meinem Essverhalten? Indem wir uns über die Ursache unseres Verhaltens bewusst werden, können wir letztendlich auch etwas verändern.

Du kannst hier verschiedene Wege gehen, doch die passende Portion an Motivation sollte dabei sein! Sehen wir uns die Bedürfnispyramide an, können wir erkennen, dass das Essen ein menschliches Grundbedürfnis ist. Gerät dieses jedoch außer Kontrolle und wir geben uns unseren Sinnen hin, kann aus dem Bedürfnis eine Abhängigkeit werden (z. B. das Essen von Zucker oder der Konsum von Alkohol).

Darüber hinaus hat sich jeder von uns im Laufe des Lebens bestimmte Gewohnheiten angeeignet. Besonders im Hinblick auf das Essverhalten läuft hier viel unterbewusst ab, sodass wir es gar nicht wahrnehmen.

Wir greifen nach Schokolade, Wein und anderen Lebensmitteln, wenn wir einsam oder traurig sind und haben uns ein gewisses Verhalten angewöhnt, um mit Emotionen und Gefühlen umzugehen. Anstatt darüber zu sprechen, schlucken wir sie im wahrsten Sinne herunter und verdauen sie auf eine ungesunde Art und Weise. Doch du kannst etwas ändern – indem du dir über deine Routineabläufe bewusst wirst! Es ist der erste Schritt in Richtung Ziel und Selbstverwirklichung. Dabei ist es wichtig, etwas Neues auszuprobieren und nicht auf derselben Stelle – mit den gleichen Handlungen – stehen zu bleiben.

„Die reinste Form des Wahnsinns ist es, alles beim Alten zu lassen und gleichzeitig zu hoffen, dass sich etwas ändert.“

Albert Einstein

Sehen wir uns nun 5 Schritte an, wie du die innere Motivation für dich und dein Körperziel nutzen kannst:

1) Fett macht nicht fett

Wir könnten meinen, dass Fett aufgrund seines Namens fett macht. Doch dem ist glücklicherweise nicht so. Denn vielmehr sind es verschiedene Faktoren, die dazu beitragen, dass wir zu viele Pfunde mit uns herumtragen. Wissen wir, was es wirklich ist, das uns müde und dick macht, können wir eine bewusste Entscheidung treffen. Wir sollten daher die Sache aus verschiedenen Winkeln beleuchten:

a) Was isst du?

Bist du dir darüber bewusst, welches Essen auf den Teller und in deinen Körper kommt? Sind es nährstoffreiche Lebensmittel wie frisches Obst und Gemüse oder ernährst du dich von Fast Food, Süßigkeiten, Snacks und Weißmehlprodukten (z. B.

Toastbrot oder Pizza)? Die Wahl unserer Lebensmittel hat einen großen Einfluss darauf, wie wir uns fühlen – sowohl körperlich als auch psychisch.

Lebensmittel, die den Körper mit ausreichend Energie versorgen, sind vor allem: frisches Obst (z. B. Beeren, Bananen und Äpfel), Gemüse (z. B. Brokkoli, Paprika, Gurke oder Zucchini), frische Salate und Vollkorngetreide. Die Mahlzeiten sollten möglichst frisch zubereitet werden. Indem du selbst kochst, lernst du nicht nur die einzelnen Zutaten besser kennen, sondern weißt auch, was drin ist.

Besonders in der heutigen Zeit sind in abgepackten Nahrungsmitteln und Speisen verschiedene Zusatzstoffe sowie Zucker enthalten. Nimm dir die Zeit, die Etiketten auf den Speisen zu lesen und beginne damit, selbst zu kochen. Auf diese Weise nimmst du die Kontrolle für dein Leben und ein gesundes Ess- und Körpergefühl in die Hand!

- **Tipp 1 :** Schaue dir jedes Lebensmittel an, bevor du es isst. Was ist enthalten und welchen Mehrwert bringt es für dich und die Gesundheit deines Körpers?

b) Wie viel isst du?

Es ist nicht nur wichtig, zu wissen, was wir auf dem Teller haben. Denn auch die Masse ist entscheidend. Wie oft am Tag nimmst du Nahrung zu dir und wie viel packst du auf deinen Teller? Wie oft sind es die Besuche beim Italiener, wo du einen großen Teller Spaghetti bestellst und denkst: Das bekomme ich nie aufgegessen! Doch nach wenigen Minuten sind die Nudeln weg und dein Bauch überfüllt.

Es gibt zahlreiche Momente im Leben, in denen wir essen, obwohl wir nicht hungrig sind. Es handelt sich hierbei um die Gewohnheit, den Teller aufzuessen oder zu einer bestimmten Uhrzeit oder mit Kollegen oder Freunden zu speisen. All dies hat sich über die Jahre in unser Leben hineingeschlichen. Indem wir uns auch hier bewusst werden, was wir für ein Verhalten an den Tag legen, können wir etwas ändern.

- **Tipp 2 :** Schreibe dir für 7 Tage täglich auf, wie viel und wie oft du am Tag isst.

c) Wie isst du?

Was ist die Motivation hinter deinem Essverhalten? Möchtest du die Mittagspause lieber alleine mit einem Salat im Park verbringen oder gehst du mit den Kollegen wieder zur Pommesbude? Sitzt du abends mit einer Tafel Schokolade oder einer Packung Chips vor dem Fernseher, weil du dich langweilst und es immer schon so getan hast oder läufst du spontan eine Runde durch den Park?

Gehe deinem Essverhalten auf die Spur und analysiere, wie du isst. Bringe mehr Bewusstsein hinein und frage dich ehrlich: Bin ich mir über jedes einzelne Stück Schokolade bewusst, das ich esse? Kann ich die Pizza genießen oder neige ich dazu, sie so schnell wie möglich zu essen? Je bewusster wir uns zur Nahrungsaufnahme hinsetzen, umso bewusster sind wir in diesem Moment und für das, was wir tun.

- **Tipp 3 :** Mache ein Experiment und sei in den nächsten 7 Tagen für alles dankbar das du isst.

d) Wann isst du?

Es gibt Menschen, die zum Essen neigen, wenn sie gestresst sind. Andere Menschen wiederum lehnen Nahrung in diesen Momenten ab. Überforderung ist ein wichtiger Faktor, wenn es um unseren Körper geht, da wissenschaftlich aufgezeigt wurde, dass wir bei Überbeanspruchung vermehrt zu Süßigkeiten greifen. Darüber hinaus ist ein hektischer Moment in der Regel mit negativen Gedanken und Gefühlen verbunden.

Wenn wir nun in solch turbulenten Momenten Snacks zu uns nehmen, werden die Speisen kaum gekaut und so schnell wie möglich herunter geschlungen. Dies bewirkt, dass die Nährstoffe sich nicht richtig zerkleinern, nicht aufgenommen werden können und unverdaut ausgeschieden werden.
Wir greifen häufig schneller zur Schokolade oder Süßigkeiten, wenn wir depressiv, traurig oder enttäuscht sind. Hier wird den Lebensmitteln eine negative Energie beigesteuert und erhält den entsprechenden Beigeschmack, was sich im Körper bemerkbar macht (z. B. zu viel Bauchfett bei zu viel Kuchen oder Chips am Abend).

- **Tipp 4** : In welchen Momenten isst du – nimmst du dir ausreichend Zeit oder bist du in Eile?

e) Wo isst du?

Auch der Ort ist entscheidend, an dem wir Nahrung zu uns nehmen. Tendierst du dazu, das Sandwich auf der Straße zu verdrücken, während du mit einem Kunden telefonierst? Isst du in Gemeinschaft oder häufig alleine? In den östlichen Ländern wie der Türkei oder Israel ist es eine Tradition, gemeinsam zu essen (z. B. Familie, Freunde oder Kollegen).

- **Tipp 5** : Isst du lieber alleine und versteckst dich vor dem Essen mit anderen? Nimm dir vor, dein Verhalten bewusst zu ändern und mit anderen zu essen!

2) Echte Lebensmittel

Wenn du ein gesundes Gewicht auf die Waage bringen möchtest, bedarf es einer gesunden Ernährung. Dafür benötigen wir gesunde Lebensmittel, die echte Qualität mit sich bringen. Wählen wir unsere Lebensmittel und Mahlzeiten auf dieser Basis, können wir auch unseren Körper wieder zu seinem natürlichen Gesundheitszustand zurückbringen. Mit anderen Worten: Wir steigern die Chance abzunehmen!

Ernähren wir uns also hauptsächlich von echten Lebensmitteln wie frisches Obst und Gemüse, Nüssen und Vollkorngetreide, können wir die Tendenz ablegen, nach Süßigkeiten, Snacks und Fast Food zu greifen. Auch wenn dies zu Beginn nicht einfach ist, so wird es mit der Praxis immer leichter werden. Denn wo ein Wille, da auch ein Weg! Nutze deine innere Vorstellungskraft und Vision dafür, dass du es zu einem schlanken Körpergewicht schaffst!

Im Übrigen halten qualitativ hochwertige Lebensmittel auch länger satt. So kannst du schon am frühen Morgen deinen Tag mit einem vollwertigen Müsli starten anstatt dem Toastbrot mit Marmelade. Ein Müsli ist nicht nur reich an Vitaminen und Mineralstoffen, sondern versorgt dich auch für mehrere Stunden mit Sättigung und frischer Energie.

- **Tipp 6** : Ernähre dich für 7 Tage nur von Lebensmitteln, die du kennst, indem du sie selbst zubereitest!

3) Willensstärke

Beim Abnehmen spielt das innere Feuer eine wichtige Rolle. Damit ist, nicht nur die Verbrennung der Fette, Kohlehydrate und der Verdauungsprozess gemeint. Vor allem sollte die passende Portion an Willensstärke vorhanden sein. Um erfolgreich abzunehmen, müssen wir keine berühmte Diät durchführen oder Kalorien zählen. Hungern steht auch nicht auf dem Programm. Doch wie genau funktioniert das Abnehmen dann?

Hast du den Willen, eine Woche, ohne Zucker zu leben, kannst du dies ganz einfach tun. Niemand hält dich davon ab – außer du selbst! Dank deiner Willenskraft wirst du es auch schaffen. Doch was bedeutet es überhaupt, willensstark zu sein? Bleiben wir beim Thema Zucker. Indem du dir das Ziel setzt, für eine Woche auf die weißen Kristallsteine bei deiner Nahrungsaufnahme zu verzichten, kannst du alles dafür in die Wege leiten. Hier ein paar Tipps:

- Mache deine Regale und Schränke zuckerfrei!
- Trinke deinen Kaffee mit Agavendicksaft oder Mandelmilch.
- Informiere Freunde, Kollegen und Familie über dein Vorhaben.
- Schreibe eine Einkaufsliste und lasse dich im Supermarkt nicht verführen.
- Habe ein paar gesunde Snacks in der Tasche für den Notfall dabei (z. B. Apfel, Banane, Trockenfrüchte).

Je klarer du vorangehst, umso mehr Willen kannst du letztendlich auch an den Tag legen. Nimm dein

Vorhaben als eigene Challenge für dich und fordere dich selbst heraus!

- **Tipp 7 :** Setze dir eine 7-Tage-Challenge, in der du auf etwas verzichtest, was dir schwerfällt (z. B. Schokolade, Zucker, Alkohol).

4) Du musst nicht hungern

Das Abnehmen muss nicht mit einem Hungergefühl einhergehen. Es geht auch ohne. Vielmehr geht es darum, die richtigen Lebensmittel zu essen und dabei diszipliniert zu bleiben. Das bedeutet, dass du am Buffet-Tisch nicht noch für eine zweite oder dritte Runde aufstehst und den Teller vollpackst. Indem wir lernen, mit welchen Mengen wir zufrieden sind, können wir unserem Körper etwas Gutes tun.

Während das Hungern also ausbleibt, kannst du dich voll und ganz auf dein Ziel konzentrieren. Du kannst kleine Erfolgsziele einplanen (z. B. jede Woche 1 kg abnehmen) und diesen Erfolg mit einem Kino-Besuch oder einer Massage feiern. Das Gute an dieser Vorgehensweise ist, dass es kein Scheitern gibt und du dich auch nicht körperlich verausgaben musst.

„Gib deinem Körper die richtige Nahrung und er wird damit das Richtige anfangen.“

Colin Campbell

5) Weg mit den falschen Gedanken

Was haben unsere Gedanken mit dem Abnehmen zu tun? So einiges! Wenn wir ständig an Schokolade denken, werden wir alles dafür tun, dem Wunsch nachzukommen. Im Laufe unseres Lebens halten sich viele Glaubenssätze in uns fest. Hier ein paar Beispiele:

- „Ich brauche meine Schokolade am Abend.“
- „Ohne das Glas Rotwein kann ich nicht einschlafen.“
- „Ohne meinen Kaffee bin ich nichts.“
- „Ein Leben ohne Pizza kann ich mir nicht vorstellen.“
- „Ganz ohne Fleisch? Wie soll ich denn dann an meine Proteine kommen?“

Greift der Mensch täglich zur Zigarette, wird von einer Sucht gesprochen. Warum passiert dies nicht auch mit Zucker, Kaffee oder Schokolade? Letzten Endes sind es ebenfalls Laster. In unserer Gesellschaft werden diese Abhängigkeiten jedoch verharmlost und weniger kritisch gesehen. Dabei greift zu viel Zucker nicht nur das Gewebe an, sondern ist auch Mitgründer von chronischen Krankheiten wie Diabetes Typ 2.

Was auch immer zu viel konsumiert wird, sollte schnell ins Gleichgewicht gebracht werden, sobald das Bewusstsein dafür da ist. Je früher wir den Konsum stoppen, umso besser! Du wirst am Ende feststellen: Es lohnt sich und dein Körper kommt wunderbar ohne diese Nahrungsmittel aus!

Fazit zum Abnehmen

Es muss nicht immer krampfhaft ablaufen, wenn wir ein paar Pfunde verlieren wollen. Denn mit der richtigen Auswahl der Lebensmittel sowie dem Verzicht auf bestimmte Nahrungsmittel kannst du systematisch zu deinem Wunschgewicht kommen. Um möglichst motiviert dein angestrebtes Resultat zu erreichen, solltest du dich stets mit deiner inneren Einstellung und Verhaltensweise zum Essen befassen: Was isst du und wie viel brauchst du wirklich davon?

Je mehr du dich mit Lebensmitteln beschäftigst, umso besser wirst du dich selbst kennenlernen und ein Gefühl dafür erhalten, was deinem Körper guttut. Entscheidend ist hierbei, dass du nicht schon nach wenigen Tagen aufgibst, sondern deine Vision aufrechterhältst. Auf diese Weise wirst du zufrieden zu einem leichten und gesunden Körpergefühl gelangen.

Sport und Bewegung

Ein selbstbestimmtes Leben zeigt sich dadurch, dass wir jeden Tag etwas Neues lernen und erleben dürfen. Wir machen neue Erfahrungen, lassen uns mit dem Leben fließen und verändern uns. Wer sich diesem Wandel bewusst ist, hat es wesentlich einfacher. Unser Körper unterliegt einem ständigen Wandlungsprozess. In jeder Minute verändern sich die Körperzellen. Durch die regelmäßige Bewegung können wir den Alterungsprozess zwar nicht aufhalten. Doch wir können uns frischer und aktiver fühlen.

Anstatt sich also nur am Büro-Tisch festzuklammern, sollte es heißen: Raus an die frische Luft! Denn je mehr Sauerstoff in deinen Körper fließt, umso lebendiger und motivierter fühlst du dich auch für das Leben! Dies zeigen immer mehr wissenschaftliche Studien, die belegen, dass bereits ein täglicher Spaziergang von 30 Minuten an der frischen Luft die Sorgen beiseiteschiebt, die Denkfähigkeit anregt und Krankheiten vorbeugen kann.

Bewegung hält uns Menschen fit und fördert die Gesundheit vom Herz-Kreislauf-System als auch Knochen, Gewebe und Muskulatur. Auf psychischer Ebene gleicht die Bewegung einen stressigen Berufsalltag aus. Sie hält uns von Depressionen oder Burn-out fern und lässt uns – kurz gesagt – einfach mal abschalten.

Während unsere Vorfahren damals kämpften, um zu überleben, leben wir heute vielmehr um zu faulenzen. An einem mangelnden Sport-Angebot kann dies jedoch nicht liegen. Heutzutage finden sich mehr Angebote für die tägliche Bewegung denn je! Woran liegt es, dass wir uns nicht dazu aufraffen können, morgens eine Runde durch den Park zu laufen oder abends für eine Stunde auf das Rad zu steigen?

Durch die moderne Infrastruktur, die neuesten Technologien sowie clevere Apps und digitale Tools müssen wir uns kaum noch bewegen. So können wir uns das Abendessen noch vom Büro aus nach Hause bestellen, per Knopfdruck auf dem Smartphone das Wohnzimmer vorheizen lassen und mit einem Blick ins Navi erkennen, welche Autobahn frei ist. Während viele sich in diesem Rahmen frei fühlen, könnten wir uns auch fragen, ob es sich tatsächlich noch um ein selbstbestimmtes Leben handelt. Denn je flexibler wir werden, umso mehr Kontrolle geben wir ab. So wird den Kunden gegenwärtig die Möglichkeit gegeben, uns rund um die Uhr zu kontaktieren. Anstatt mehr Zeit für uns selbst zu haben, schreitet der Büroalltag in die privaten vier Wände ein. Diese werden bildlich heruntergerissen und wir sind nicht mehr alleine. Während das Kind gestillt wird, wird nebenbei eine E-Mail an den Chef getippt und der koffeinfreie Latte Macchiato geschlürft.

Vor lauter Stress vergessen wir, etwas für uns selbst zu tun. Wir geben uns lieber der Arbeit hin und lassen uns abends erschöpft auf die Couch fallen. Dabei bleibt die Gesundheit auf der Strecke – sowohl auf körperlicher als auch psychischer und emotionaler Ebene! Dies kannst du ändern, indem du dir einen Ruck gibst. Nimm dir eine Belohnung zur Hilfe, um dich anzuspornen, und lege los mit deinem persönlichen Sport-Programm!

1) Das Ziel

Was möchtest du erreichen? Indem du dein Traumkörper visualisierst, kannst du auch sportlich aktiv werden. Hierzu sollten wir die zielführenden Aktivitäten möglichst genau aufschreiben und auch die Zwischenstationen festhalten:

1. Sportkleidung und Laufschuhe kaufen.
2. Wecker 30 Minuten früher stellen.
3. 15 Minuten durch den Park joggen.
4. 25 Minuten durch den Park joggen.
5. 45 Minuten durch den Park joggen.
6. Für den nächsten Halbmarathon anmelden.
7. Den Halbmarathon absolvieren.

Schreibe Deine Zielliste auf ein Blatt Papier und hänge sie an den Kühlschrank oder lege sie dir auf deinen Schreibtisch, wo du sie täglich siehst. Was möchtest du mit den Aktionen erreichen und wie honorierst du dich im Anschluss, wenn du sie durchgeführt hast? Mithilfe einer Belohnung bleiben wir besser bei der Sache!

2) Positive Gefühle

Du hast dir vorgenommen, jeden Tag durch den Park zu joggen, hast heute aber einfach keine Lust und Energie? Dann stell dir vor, was dich nach dem Laufen erwartet. Dies kann ein leckeres Frühstück sein, ein Besuch in deinem Lieblingscafé oder ein Sauna-Besuch am Abend. Kombiniere positive Gefühle und Erlebnisse mit dem, was du tust und vorhast. Nutze Deine Vorstellungskraft und plane etwas Schönes, um deinen Wunsch nach Bewegung zu aktivieren!

3) SMART-Plan

Deine Ziele und Pläne sollten so gut wie möglich formuliert und definiert sein. Hierzu kannst du dir eine Eselsbrücke mithilfe vom SMART-Plan zunutze machen:

1. **S**pezifisch: Definiere deine Absichten so präzise und spezifisch wie möglich.
2. **M**essbar: Dein Bestreben sollte mess- und prüfbar sein.
3. **A**kzeptanz: Akzeptiere deine Intention, bevor du loslegst.
4. **R**ealisierbar: Bestimme erreichbare Ziele.
5. **T**erminierbar: Wann willst du deine Vorhaben in die Tat umgesetzt haben?

Mithilfe dieser fünf Aspekte kannst du prüfen, ob dein Plan tatsächlich zur Umsetzung geeignet ist und du deine Wünsche und Träume wirklich erfüllen kannst. Ein Marathon läuft sich nicht, wenn du gerade mit dem Training begonnen hast. Es können mehrere Monate oder Jahre vergehen, bis du für den ersten Lauf bereit bist! Brich daher nichts übers Knie und nimm dir Zeit für die Umsetzung!

4) Fortschritte festhalten

Halte deine Fortschritte fest, wenn du mit deinem Plan vorankommen willst. An wie viel Muskelmasse hast du seit deiner Zeit im Fitnessstudio zugelegt, wie steht es um dein Körperfett und hast du deine Laufgeschwindigkeit über die Zeit erhöhen können? All dies motiviert! Schreibe deine Fortschritte auf oder halte sie in einer Datei fest, wo du sie regelmäßig eintragen und die Ergebnisse einsehen kannst.

5) Visualisierung

Durch die Visualisierung schaffen wir es nicht nur früher aus dem Bett, sondern kommen auch schneller an das gewünschte Resultat heran. Wie oft hast du schon etwas probiert, hast es aber nach einer kurzen Zeit wieder sein lassen, weil es zu mühsam war? Häufig vergessen wir die Vision, weil wir es uns nicht oft genug bildlich vorgestellt haben. Durch das Visualisieren können wir uns vor Augen führen, wie unser Leben aussehen soll.

6) Positive Affirmationen

Negative Statements halten uns von unserem Vorhaben ab und demotivieren. Indem wir also positive Glaubenssätze besitzen, können wir uns in jeder Situation hervorrufen, was wirklich wichtig ist: Couch oder Fitnessstudio, Bett oder Park, Muskelkater oder Bauchfett. Mit den passenden Sätzen im Geiste freuen wir uns auf die Bewegung und schaffen es schrittweise zum Ziel.

So können die Affirmationen aussehen:

- „Ich halte durch und habe meine Ziele glasklar vor Augen."
- „Ich freue mich auf die frische Luft."
- „Die Bewegung tut mir gut, ich bin zufriedener und ausgeglichener."
- „Ich genieße jeden einzelnen Moment bewusster und bin tiefenentspannt."
- „Ich spüre wie meine Körperfunktionen durch den Sport besser arbeiten und die Durchblutung angeregt wird."
- „Das Essen macht nach sportlichen Aktivitäten viel mehr Spaß und schmeckt besser."
- „Es ist schön zu spüren und zu sehen, wie mein Körper in Form kommt, bzw. bleibt."
- „Es ist ein gutes Gefühl zu wissen, dass ich täglich etwas für meine Gesundheit tue."

7) Achtsamkeit

Durch mehr Achtsamkeit im Alltag kannst du deine Bewegung fördern. Dies gelingt dir, indem du dir über deinen Körper bewusst wirst und prüfst, wie dieser auf die sportlichen Aktivitäten reagiert. Wie fühlt sich dein Atem an, wenn du läufst? Was machen deine Muskeln nach dem Training im Fitnessstudio? Wie fühlt es sich an, im Hier und Jetzt zu sein, ohne die Probleme ständig im Kopf zu haben?

8) Sport in Gemeinschaft

Kennst du jemanden, der sich für eine morgendliche Runde durch den Park motivieren lässt oder dich zum neuen Yoga-Kurs im Viertel begleiten würde? Nimm deine Kontakte wahr und erkenne, wer sich mit dir in das sportliche Abenteuer begibt! Haben wir jemand anderen bei uns, macht es gleich doppelt so viel Spaß. Auch kannst du dich einem Sportverein oder einem Kurs anschließen, wo ihr alle das gleiche Ziel verfolgt.

Körper, Geist und Seele

Lebst du mit deiner inneren Stimme in Einklang oder triffst du deine Entscheidungen aus dem Verstand heraus? In der heutigen Gesellschaft – insbesondere hierzulande – sind wir es gewohnt, vor allem darauf zu hören, was andere uns sagen. Fallen diese Stimmen weg und müssen wir unserer eigenen vertrauen, sieht es plötzlich ganz dunkel aus. Denn dort, wo die innere Stimme zu finden wäre, ist nichts mehr.

Es macht einen großen Unterschied im Leben, wie wir unsere Entscheidungen treffen – Herz oder Verstand. Kinder machen uns den Weg vor und wir wissen, dass auch wir in der Lage sind, aus dem Herzen heraus zu handeln. Was also hält uns davon ab? Anstatt frei und glücklich zu leben, sind wir von Ängsten und Sorgen geplagt. Wie sollen wir hier noch motiviert bleiben oder zu innerem Ansporn finden?

Wer seinem inneren Ruf folgt und sich dem öffnet, was die Seele sagt, wird zufrieden und glücklich durch das Leben gehen können. Häufig ist es das Problem, das wir Entscheidungen treffen, weil andere etwas von uns erwarten. Doch was ist es, das du willst? Genau dies ist die alles entscheidende Frage, die du dir immer hervorholen solltest. In diesem Leben gibt es schließlich niemanden, der wichtiger ist als du selbst. Du bist die Hauptrolle in deinem Leben und solltest daher auch die Regieanweisungen geben.

„Menschen, die verrückt genug sind, zu denken, dass sie die Welt verändern, sind diejenigen, die es auch tun."

Steve Jobs

Steve Jobs hat es uns vorgemacht und mit Apple eines der größten Unternehmen weltweit auf die Beine stellt. Er hat sich nicht versteckt und sich von anderen abhalten lassen. So war es ihm wichtig, stets auf sich selbst zu hören und seine eigene Welt zu verändern. Genau dies kann jeder von uns für sein eigenes Leben tun und dadurch die innere Motivation entwickeln.

Indem wir etwas visualisieren, das wir von Herzen heraus gerne tun und umsetzen wollen, können wir es auch erreichen. Je mehr wir etwas wollen, umso höher ist die Chance, dass wir es schaffen. Das Leben wird danach gestaltet, wie wir leben wollen und es werden damit bereits die ersten Impulse gesetzt. Wir können auch von der Berufung sprechen: Wenn wir etwas finden, für das wir tief in unserem

Herzen brennen und es uns zur Lebensaufgabe machen.

Haben wir das gefunden, was wir wirklich wollen, wird sich auch die Gefühlswelt von alleine anpassen. So kannst du all das wahrnehmen, was in dir auftaucht, und du kannst jedes Gefühl akzeptieren, ohne dass du dich überfordert fühlst. Indem wir also unsere Motivation im Griff haben, können wir auch unsere Handlungen, Gefühle und Emotionen im Zaum halten und uns selbst besser verstehen.

„Da unsere Handlungen von unserer Motivation gesteuert werden, sollten wir versuchen, diese zu kontrollieren."

Dalai Lama

Nahrungsmittel für mehr Power

Dein Energiehaushalt sollte gut aufgetankt sein, wenn du mit neuem Elan in ein neues Projekt starten willst. Hier einige Tipps und Tricks der neuesten Ernährungsforschung:

Wichtigste und oberste Regel und sicher nicht neu für dich: Trinken ist enorm wichtig für die nötige Bereitstellung aller deiner Energiereserven. 2-3 Liter mindestens, am besten Wasser, verdünnte Saftschorlen oder Tees. Unser Gehirn allein verbraucht ein Fünftel unseres Energiebedarfs.

- Getrocknete Apfelringe blockieren Cholesterin, liefern Fruchtzucker und Vitamine.
- Blaubeeren wirken konzentrationssteigernd.
- Mandarinen verbessern die Durchblutung.
- Nüsse vor allem Walnüsse, Mandeln und Cashewkerne sind regelrechte Langzeit Leistungsbooster.
- Bitterschokolade lässt nicht nur Geschmacksknospen sprießen, sondern wirkt auch anregend auf unser Gehirn.
- Bohnen liefern Energie und Vitamine.
- Bananen bieten Vitamine, Energie und Serotoninbausteine.

„Lass die Nahrung deine Medizin sein und Medizin deine Nahrung!“

Hippokrates von Kos

Wenn du schnelle und spontane Wirkungen erzielen möchtest, nutze diese aufputschenden Wachmacher für dich:

- Kaffee
- Grüner Tee
- Guarana
- Ginseng
- Maca
- Kakao

Motivation am Arbeitsplatz

Die Atmosphäre am Arbeitsplatz hat einen wichtigen Einfluss darauf, wie die Arbeit fließt. Sind die Mitarbeiter inspiriert, steigt die gesamte Energie und die Ergebnisse sehen positiver aus. Gibt es jedoch Mitarbeiter, die unmotiviert und lustlos am Schreibtisch sitzen, kann sich dies auf das gesamte Team bis hin zu den Kunden auswirken. Besonders für diejenigen, die ein Team anleiten, ist es wichtig, zu wissen, wie die eigenen Mitarbeiter begeistert werden können.

Der Montagmorgen ist ein gutes Beispiel, an dem wir sehen können, was mit unserer Motivation geschieht. Am Wochenanfang ist die Leistungskurve in Unternehmen weit unten. Dies liegt vor allem daran, dass wir noch emotional und mental im Wochenende verhakt sind und am liebsten noch einen Tag dranhängen würden. Die Arbeitseinstellung bringt hier oftmals das entsprechende Ergebnis. So werden die Aufgaben nur halbherzig bearbeitet, und der Fokus liegt mehr auf dem Feierabend als bei der Arbeit.

Sätze wie „Ich habe keine Lust“, „Schon wieder das gleiche“ oder „Ich hol mir erst mal einen Kaffee“ sind typische Sätze, die ein unmotiviertes Verhalten signalisieren. In diesem Kapitel möchten wir uns daher ansehen, wie wir uns selbst sowie andere auf der Arbeit motivieren können. Welche Beweggründe können wir uns zunutze machen, um unsere Handlungen wieder mit mehr Inspiration und Ansporn auszuführen?

- Berufliches Weiterkommen.
- Ein bestimmtes Ansehen erhalten.
- Hoch hinaus auf der Karriereleiter.
- Mehr Verantwortung tragen.
- Mehr Gehalt.
- Ein Firmenwagen.
- Ein eigenes Büro.

Was auch immer es ist – du setzt eigene Motive, mit denen du dein Berufsleben gestaltest. Während es sich bei diesen Beispielen vorrangig um materialistische Gründe handelt, können auch Bedürfnisse zum Vorschein kommen, die wir mithilfe der Arbeit decken möchten.

- Deine Familie versorgen.
- Einen bestimmten Lebensstandard.
- Glücklich und zufrieden sein.

Werfen wir an dieser Stelle einen Blick auf die Studie der Manpower Group Deutschland, die im Jahr 2014 durchgeführt wurde. So wurden in dieser Studie über 1.000 Menschen gefragt, wie motiviert sie auf der Arbeit sind. Das Ergebnis zeigt deutlich, dass nur 13 Prozent der Befragten inspiriert sind, während 20 Prozent bereits den Job gekündigt haben und nur darauf warteten, das Unternehmen verlassen zu können. Die restlichen 67 Prozent gehen für den Lebensunterhalt zur Arbeit. Mit anderen Worten: für das Geld.

Dieses Ergebnis ist keine Überraschung. Denn fragen wir im sozialen Umfeld nach, ist es die Mehrheit, die zu den 67 Prozent gehören. Dies gilt vor allem für die Menschen, die in einem Angestelltenverhältnis arbeiten. Bei Selbstständigen, Freiberuflern und Unternehmen sieht dies in der Regel anders aus, da sie oftmals ihren Traum zum Beruf gemacht haben. Was also sind die Gründe für die hohe Zahl der Menschen, die lediglich für das Geld auf die Arbeit gehen und keinen inneren Ansporn finden?

- Stress
- Monotone Aufgaben
- Probleme
- Unzufriedenheit
- Schlechtes Betriebsklima
- Überforderung
- Unterforderung

Diese Gründe können einen direkten Einfluss darauf nehmen, wie ein Mitarbeiter seine Arbeit betrachtet und diese durchführt. Ausgeglichenheit und Zufriedenheit am Arbeitsplatz sind somit nichts Selbstverständliches. Können wir jedoch zu mehr Motivation finden, so haben wir auch mehr Erfolg im Beruf. Diesen können wir wiederum dafür nutzen, um unsere Lust an der Arbeit zu steigern.

Vergrößere Deinen beruflichen Erfolg

Indem wir unsere Schaffensfreude anheben, wird auch der berufliche Erfolg steigen. Doch wie das Leben so spielt, sind nicht alle Tage gleich und so fallen wir manchmal in ein tiefes Loch. Dies gilt insbesondere in Situationen, wenn wir kurz vor einem Projektende stehen und plötzlich feststellen, dass etwas nicht passt und wir noch einmal von vorne beginnen müssen. Oder es ist die lange E-Mail an den Kunden, die wir verfasst haben und plötzlich der Computerbildschirm einfriert – die lange E-Mail ist weg!

Was es auch ist – es gibt ausreichend solcher Momente, in denen unsere Begeisterung für den Job auf die Probe gestellt werden. Das Leben will uns testen und schauen, ob wir wirklich alles dafür geben. Indem wir also zeigen, dass wir auch in den heikelsten Momenten im Arbeitsleben stehen und von nichts aus der Bahn geworfen werden, beweisen wir, dass wir es wirklich wollen.

Auf diesem Weg ist es jedoch wichtig, dass wir ab und zu eine Pause machen. Genau wie uns die Nacht Ruhe für den Körper schenkt, so sollten auch wir uns täglich etwas Entspannung und Erholung gönnen. Denn sind wir ständig Stress und Terminen ausgesetzt, wollen Hochleistungen erbringen und dabei möglichst viele Dinge gleichzeitig erledigen, kann dies früher oder später in einen Burn-out führen.

Damit es gar nicht erst soweit kommt, können wir kleine Pausen machen, die uns von innen heraus inspirieren und neue Energie schenken. Auch in großen Unternehmen wie Google, Apple oder Nike wird das Thema der Ausgeglichenheit und Entspannung großgeschrieben und Meditationskurse angeboten. Manager wissen, was es bedeutet, unter Daueranspannung zu stehen und sich dem Stress hinzugeben. Es wird den Mitarbeitern somit die Möglichkeit gegeben, zu entspannen und den Fokus auf das Wesentliche zu bewahren.

Möglichkeiten gibt es viele. Doch wie entspannen wir am Ende? Es gibt hierzu verschiedene Techniken, wie die Meditation als auch Yoga, Achtsamkeits- oder Atemübungen. Was auch immer es ist: Wichtig, ist, dass Körper, Geist und Seele entspannen. Indem wir uns ausruhen, können wir uns besser auf die Arbeit konzentrieren und erfolgreicher sein. Hier ein paar Möglichkeiten, die Pausen in deinen Arbeitsalltag zu integrieren:

- **Übung 1 :** Stelle einen Timer und mache alle 30 Minuten eine kurze Pause. Lasse alles stehen und liegen und fokussiere dich für 2 Minuten auf deinen Atem.

- **Übung 2 :** Stehe jede Stunde mindestens einmal auf und gehe ein paar Schritte. Nutze diese Zeit für einen Kaffee, das Gespräch mit einem Kollegen oder eine kurze Pause an der frischen Luft.

- **Übung 3 :** Schließe die Augen und beobachte für 2 Minuten deinen Atem.

- **Übung 4 :** Starte den Tag zuhause mit einer 5-minütigen Meditation.

- **Übung 5 :** Lenke dein Bewusstsein in stressigen Momenten zum Atem.

Besonders in gestressten Zeiten wie heute ist es wichtig, dass wir immer wieder zur Ruhe zurückfinden. Auch wenn es mal nicht so läuft, wie wir es uns vorstellen, können wir uns in diesen Momenten durch die Ruhe zurückführen und uns entspannen. Dies können wir auch an Abraham Lincoln sehen, der für viele lange Jahre versucht hat, groß rauszukommen und es nach vielen Versuchen als Präsident der USA geschafft hat.

Hierzu musste er jedoch viele Male im Berufsleben scheitern und Niederlagen und Rückschläge erleben. Mit der Ruhe und Disziplin können wir einiges Schaffen und den großen Erfolg einfahren, den sich jeder von uns wünscht!

„Die meisten Menschen sind so glücklich, wie sie es sich selbst vorgenommen haben."

Abraham Lincoln

Lerntrieb aktivieren

Täglich lernen wir etwas Neues dazu. Dies kann alles Mögliche sein wie zum Beispiel eine neue Vokabel, ein Fremdwort oder etwas über uns selbst. Was auch immer es ist – wir lernen in jedem Moment und das Leben schenkt uns mit jedem Tag eine neue Möglichkeit. Doch was passiert, wenn wir kurz vor einer Prüfung stehen und unser Wissen unter Beweis zu stellen haben, doch keine Lust haben zum Lernen?

Indem wir uns ein Ziel setzen für das Lernen, können wir auch den inneren Ansporn finden. Du kannst dir daher für die nächste Prüfung oder die nächste Präsentation vor den Kunden einen Zettel vorbereiten. Nimm ihn täglich in die Hand und schreibe auf, was wichtig ist. Fange möglichst früh an, dir jeden Tag das Aufgeschriebene durchzulesen und vorzusagen.

Nimm dir täglich vor, was du erreichen willst. Musst du verschiedene Kapitel eines Buches lesen, kannst du jeden Tag ein Kapitel durcharbeiten und dir wichtige Notizen machen. Darüber hinaus kann eine Lerngruppe helfen oder Personen, die dich beim Studieren unterstützen. Das Arbeiten in der Gruppe wirkt motivierend und es können Synergien entstehen, die euch gegenseitig antreiben.

Klappt es einfach gar nicht mit dem Lernen, solltest du dir darüber bewusst werden, warum du das Studium oder den Lehrgang gewählt hast. Was ist es, dass dich an diesem Werdegang interessiert und warum bist du hier? Hast du deine Beweggründe wiedergefunden, sollten die Ziele noch einmal überprüft werden. Schreibe und teile sie dir in Kleinere auf, um dir das Studieren zu vereinfachen.

Machst du gerade eine Ausbildung zum Bankkaufmann, eine Weiterbildung im Betrieb oder bereitest dich auf die Abschlussklausur vor? Dann frage dich, wofür du all dies tust. Was ist es, wofür du hier bist? Ist es die Möglichkeit, durch das erlernte Wissen finanziell auf eigenen Beinen stehen zu können oder möchtest du das Wissen später mit anderen teilen?

Für den Ansporn zum Pauken hilft auch eine Belohnung. Was ist es, das du dir mal wieder gönnen willst? Ein leckeres Abendessen beim Italiener, ein neues Buch oder einen Wellness-Tag? Was auch immer es ist – wähle etwas, das dich antreibt und das du für das Büffeln nutzen kannst, um effektiver voranzukommen!

Im Mittelpunkt stehen am Ende der ganzen Paukerei vor allem zwei Werte: die Disziplin und Geduld. Der Lernprozess kann nicht nur langwierig sein, sondern auch unsere Ausdauer auf die Probe stellen. Anstatt das Handtuch zu werfen, solltest du dir immer wieder bewusst werden, warum du dich für die Arbeit, Weiterbildung oder das Studium beworben hast. Indem du mit jedem Schritt geduldig bei der Sache bleibst, kannst du es auch bis ans Ende schaffen!

Hier ein paar Tricks, die dich dabei unterstützen können:

- Nimm dir fest vor, was du erreichen willst.
- Mache regelmäßig eine Pause und geh an die frische Luft.
- Lasse dich nicht von Nachrichten und Anrufen auf deinem Handy ablenken. Schalte es für die Zeit des Lernens am besten in den Flugmodus.
- Mache aus dem Studium eine Routine: feste Zeit, fester Ort!
- Bringe mehr Frische in das Pauken: Stell dir vor, du lernst heute zum ersten Mal!

Wie du deine Motivation steigerst

Im Arbeitsleben kann es schnell passieren, dass wir durch die tägliche Routine unsere Vision nicht mehr im Fokus haben. Damit sinkt auch die Schaffensfreude und wir stellen mit der Zeit fest, wie wir uns über Kollegen, Mitarbeiter oder Kunden beschweren. Manche bekommen dies mit und wundern sich, was mit dir los ist. Wenn du diese Signale bei dir erkennst, kannst du etwas tun! Es wird Zeit, deine Motivation wieder anzukurbeln!

1. Gib Aufgaben ab

Ist dir die Arbeit zu viel geworden und du weißt nicht mehr, wo dir der Kopf steht? Deine Kollegen gehen pünktlich in den Feierabend und du sitzt weiter am Schreibtisch? Dann bleibe ganz ruhig und sieh dir die Liste deiner Aufgaben an. Was kannst du abgeben? Mache deinem Chef klar, dass auch du pünktlich gehen willst und Aufgaben an andere weitergeben möchtest.

2. Lache ohne Grund

Lachen löst in uns Menschen eine erhöhte Produktion der Glückshormone aus und mindert die Ausschüttung von Stresshormonen. Auch wenn du dich nicht nach Lachen fühlst, so solltest du es einfach mal versuchen. Wie wäre es zum Beispiel mit einer Runde Lach-Yoga, einem lustigen Witz oder einem spaßigen Gespräch mit deinen Kollegen? Was auch immer es ist – bringe dich zum Lachen und pruste los!

Durch das Gelächter können wir nicht nur unsere Gedanken für einen Moment anhalten, sondern auch den Körper entspannen. Dein gesamter Kreislauf und die Körperzellen werden angeregt und mit Sauerstoff angereichert. Dies fördert nicht nur die allgemeine Entspannung, sondern auch deine Konzentration.

3. Ausreichend Freizeit

Wie viel freie Zeit hast du zwischen Job und Privatleben? Bist du ausgeglichen? Wie oft machst du auch noch zuhause etwas für die Arbeit und lässt das Fußballspiel vom Sohn oder Neffen links liegen? Anstatt immer wieder in die E-Mails zu sehen, schalte zuhause einfach mal ab und tue etwas, das dich zum Entspannen bringt. Eine klare Trennung zwischen Arbeit und Freizeit kann hier helfen!

Stellst du fest, dass du Arbeit mit nach Hause nimmst und sie im Büro nicht erledigen kannst, solltest du mit deinem Chef sprechen. Was kannst du möglicherweise abgeben und wo kannst du unterstützt werden, sodass du mehr Freizeit hast? Je mehr Auszeiten du hast, umso mehr Schaffenskraft wird dein Chef letztendlich auch in deinen Ergebnissen sehen können.

Sieben Tricks für mehr Disziplin

Das Wort „Disziplin“ kommt aus dem Lateinischen: *disciplina* und wurde damals mit „Schule, Zucht oder Lehre“ übersetzt. Wie gut, dass es sich bei Latein um eine tote Sprache handelt, die heute in keinem Land der Welt mehr gesprochen wird. Im heutigen Gebrauch können wir dem Wort eine andere Bedeutung geben. So steht die Disziplin nicht mit einer Pflicht zusammen, sondern mit der Freiheit, die Disziplin für unsere Ziele zu nutzen.

Ohne Selbstbeherrschung können wir nicht ans gewünschte Ergebnis gelangen. Doch damit wir Beherrschtheit aufbauen können, brauchen wir genau diese. Wie du siehst, beißt sich die Katze hier selbst in den Schwanz und es bleibt alles an dir hängen. Willst du etwas erreichen, brauchst du also Disziplin. Dies machen uns große Persönlichkeiten wie Basketballer Michael Jordan oder Fußballlegende Christiano Ronaldo vor.

Wir können behaupten, dass ein gewisses Talent vorhanden ist, doch letztendlich kommt es ganz auf die Selbstkontrolle an. So hätte es weder Michael Jordan zum besten Basketballer aller Zeiten geschafft noch Christiano Ronaldo zu einem der besten Fußballer. Letzterer zeigt seine Willensstärke dadurch, dass er Freistöße trainiert, während der Rest der Mannschaft sich bereits umzieht.

Selbstbeherrschung hilft uns zur Erreichung unserer Ziele und wenn du etwas aus deinem Talent machen möchtest, sollte auch Beherrschtheit vorhanden sein. Schauen wir uns nun ein paar Tipps an, wie du deine Selbstdisziplin steigern kannst. Entscheidend ist hierbei, ein gewisses Gleichgewicht in deine Aktivitäten hineinzubringen und es nicht zu übertreiben. Denn zu viel Ehrgeiz kann zu einem Burn-out führen!

1. Starte mit einem Plan

Was ist es, das du verändern möchtest? Damit dies gelingt, solltest du zunächst wissen, was anders werden soll. Schreibe dir auf, was du dir vorstellst und schon immer tun wolltest. Genau hier und jetzt kannst du einen Stift und Papier in die Hand nehmen und deinen Plan beginnen!

Möchtest du mehr Erfolg im Job und die Angst vor dem Sprechen vor großen Gruppen bewältigen, erkundige dich nach einer entsprechenden Weiterbildung oder einem Coach. Mache eigenverantwortlich die ersten Schritte und erkundige dich, was du tun kannst.

2. Eins nach dem anderen

Wie bereits erwähnt spielen Disziplin und Ausdauer eine wichtige Rolle, wenn wir unsere Träume noch in diesem Leben erreichen wollen. Nimmst du dir zu viel vor, lässt du es entweder direkt wieder bleiben oder du hältst es nicht durch. Fange daher mit kleinen Schritten an und bringe Spaß in die Sache. Möchtest du eine Selbstständigkeit aufbauen? Dann schreibe alles auf, was du brauchst und beginne damit, Einzelheiten festzulegen (z. B. Branche und Zielgruppe).

3. Visualisiere deinen Erfolg

Stelle dir vor, du lebst bereits deinen Traum! Du hältst Vorträge vor großen Gruppen und begeisterst Menschen. Durch das Visualisieren des Erfolgs fällt es leichter, uns mit dem Ziel zu identifizieren und das Gefühl von Erfolg kennenzulernen. Nimm jede Gelegenheit wahr, um dir deinen Durchbruch bildlich vorzustellen!

4. Überwindung und Beharrlichkeit

Mache aus der Übung eine Praxis. Nimm dir jeden Tag vor, an dem ersehnten Traum zu arbeiten und dich nicht abhalten zu lassen. Setze Prioritäten und mache aus deinem angestrebten Wunsch die höchste Stufe dessen, was du in deinem Leben erreichen möchtest. Indem du dich jeden Tag dazu überwindest, mit Mut voranzugehen, kannst du Beharrlichkeit und Ausdauer aufbauen.

5. Akzeptiere Rückschläge

Rückschläge und Niederlagen gehören zum Leben dazu, bedeuten aber nicht, dass du aufgeben musst. Jetzt erst recht nicht! Nimm den Rückschlag als Chance wahr und lerne aus deinen Fehlern. Nimm erfolgreiche Personen wie den angeblichen Glühlampen-Erfinder Thomas Edison oder den damaligen US-Präsidenten Abraham Lincoln als Beispiel, dass es auch nach vielen Niederlagen mit dem großen Erfolg klappt!

6. Erinnere dich an das Warum

Wissen wir, warum wir etwas tun, läuft es auch direkt besser mit der Selbstbeherrschung. Je klarer du deinen Traum vor Augen hast, umso besser wird es dann auch laufen. Willst du innerhalb weniger Monate von dem Angestelltenverhältnis in die Selbstständigkeit? Dann werde dir über dein Warum bewusst! Was ist es, das dich antreibt, dein Ziel zu erreichen?

7. Lasse los von Zweifeln

Es wird immer wieder Momente geben, in denen du von Zweifeln und Ängsten geplagt wirst. Dies ist ganz normal auf dem Weg zum Erfolg. Besonders dann, wenn du es wirklich willst, wird dich das Gedankenkarussell umso mehr belästigen. Nimm alles hin, wie es kommt und sei, dir darüber im Klaren, dass all dies auch wieder weiterzieht. Lasse dich nicht von den Gewitterwolken ablenken und denke stets an den blauen Himmel, der schon bald wieder zu sehen ist!

Mitarbeiter motivieren

Du hältst eine Führungsposition inne und wünschst dir das Beste für das Team und Unternehmen? Dann sei dir darüber im Klaren, dass die Mitarbeiter mit der richtigen Portion an Motivation gleich viel besser durch den Tag gehen. Es gibt dafür verschiedene Methoden, damit es bald wieder reibungslos mit dem Ablauf im Team funktioniert. Dabei ist nicht nur wichtig, dass bestimmte Konditionen gesetzt sind.

Da jeder Mitarbeiter anders ist, sollte auch individuell auf jeden Einzelnen eingegangen werden. Darüber hinaus sollte das, was du in deinen Mitarbeitern sehen möchtest, von dir vorgelebt werden. Welche Werte sind dir wichtig? Gehören Respekt, Vertrauen, Einfühlungsvermögen, Ehrlichkeit und Anerkennung dazu? Dann solltest du auch diese Werte täglich zum Vorschein bringen:

- Sei ehrlich mit deinen Mitarbeitern.
- Lobe sie für ihre Arbeit.
- Respektiere jeden Einzelnen.
- Schenke ihnen dein Vertrauen.
- Fühle dich in sie hinein.

Je mehr du von diesen Werten zeigst, wirst du dann auch in deinen Mitarbeitern wahrnehmen. Dies wird nicht direkt von einem auf den anderen Tag geschehen. Doch mit etwas Geduld wirst du sehen, dass sich in den Personen langsam etwas ändern wird. Das ehrliche und respektvolle Verhalten des Vorgesetzten wirkt sich auf die gesamte Mannschaft aus. Dies können wir besonders im Profisport sehen, wenn der Manager gewechselt wird und das Team in der nächsten Saison plötzlich große Erfolge einfährt.

Anstatt also die Mitarbeiter zu wechseln, kann mithilfe der Motivation die gesamte Arbeitsatmosphäre und damit auch die individuellen und gesamtheitlichen Erfolge verbessert werden. Ein schlechtes Arbeitsklima ist übrigens einer der Hauptgründe, warum Mitarbeiter ihren Job kündigen und das Unternehmen wechseln. Als Vorgesetzter kannst du hier jederzeit eingreifen und mit gewissen Tricks das Betriebsklima verbessern.

1. Anerkennung

Zeige deinen Mitarbeitern, dass du sie respektierst und ihre Arbeit wertschätzt. Durch ein regelmäßiges Lob und deine Anerkennung kannst du die Mitarbeiter anspornen und ihr Selbstvertrauen stärken. Nutze besondere Momente, in denen das Team einen besonders guten Erfolg erbracht hat, um jeden einzelnen mit seinem Einsatz hervorzuheben.

2. Selbstständigkeit

Mitarbeiter lieben es, selbstständig zu arbeiten und mit ihrer Eigenleistung wahrgenommen zu werden. Gib jedem deiner Mitarbeiter daher Aufgaben, die mit den entsprechenden Talenten und Fähigkeiten übereinstimmen. Biete regelmäßig Fort- und Weiterbildungen an und motiviere sie, daran teilzunehmen.

3. Finanzieller Ausgleich

Auch wenn Geld nicht alles ist, so sollte die Arbeit deiner Mitarbeiter, doch stets gut vergütet werden. Diese Vergütung sollte möglichst ansprechend und motivierend sein. Denn auch die Bezahlung der Arbeit ist am Ende eine indirekte Art der Anerkennung und Wertschätzung. Fällt das Gehalt zu niedrig aus, kann dies demotivierend wirken.

4. Team-Events

Organisiere regelmäßige Events für das Team, um die Atmosphäre und Bindung zu stärken. Mittlerweile gibt es unzählige Möglichkeiten, wie sich dies gestalten kann (z. B. in Form eines Betriebsausflugs, einer Weihnachtsfeier, einem Kegelabend oder einem Segelausflug). Was auch immer es ist –

schaue, dass es die Interessen deiner Mitarbeiter widerspiegelt und das Team Building fördert!

5. Flexibilität

Gibst du deinen Mitarbeitern das Gefühl frei zu sein, wirst du dies auch in den Arbeitsergebnissen sehen. Anstatt auf fixe Arbeitszeiten und feste Arbeitsplätze zu verharren, lockere die Grenzen etwas auf und schenke ihnen Vertrauen. Gib ihnen die Möglichkeit, von zuhause aus zu arbeiten und auf diese Weise das Zusammenspiel von Job und Familie besser unter einen Hut zu bekommen.

„Nichts spornt mich mehr an als die drei Worte:

Das geht nicht.

Wenn ich das höre, tue ich alles, um das Unmögliche möglich zu machen.“

Harald Zindler

Freunde und Familie motivieren

Jeder Mensch bringt physiologische Bedürfnisse mit sich, die wir bereits etwas näher beleuchtet haben. Erinnern wir uns an dieser Stelle an die Bedürfnispyramide von Maslow. Sie zeigt uns nicht nur unsere eigenen Bedürfnisse, sondern auch die anderer. Wann immer wir einen Schritt auf andere zugehen wollen, können wir die Pyramide und ihre spezifischen Bedürfnisse hervorholen und schauen, welchen Bedürfnis gerade gedeckt werden möchte.

Auf diese Weise können wir einfühlsamer und empathischer auf die Person vor uns eingehen. Wir nehmen diese Person mit ihren Gefühlen und Notwendigkeiten wahr und sehen, was sie uns tatsächlich mitteilen möchte. Dies kann im Rahmen von Freundschaften, dem Familienkreis oder im kollegialen Umfeld geschehen. Indem wir uns selbst und unsere eigenen Bedürfnisse verstehen, können wir auch andere besser verstehen und auf sie eingehen.

Stell dir vor, deine Freundin erzählt dir davon, dass einfach nichts in ihrem Leben funktioniert. Die Arbeit läuft nicht und auch in der Beziehung ist sie unzufrieden. Darüber hinaus fühlt sie sich in ihrem Leben blockiert und weiß einfach nicht mehr, was sie tun soll. Natürlich möchtest du ihr helfen – aber wie?

Indem du analysierst, welche Motive und Bedürfnisse hinter ihren Worten liegen, kannst du sie besser verstehen und ihr mit hilfreichen Worten zur Seite stehen. Das Gleiche gilt für Kinder, die ungern zur Schule gehen und sich einfach für nichts motivieren lassen. Auch hierfür gibt es in diesem Kapitel Tipps und Tricks!

Andere motivieren

Steht deine Freundin oder dein Bruder mit herunterhängenden Mundwinkeln auf der Matte, gehen die Alarmglocken. Es ist mal wieder etwas passiert und du wirst zum Zuhörer der Probleme anderer. Genau hier können wir den ersten Schritt tun, wenn wir andere motivieren wollen: Wir können unsere Einstellung ändern! Anstatt also mit einem Vorurteil in die Situation hineinzugehen, können wir der Person vorurteilsfrei begegnen.

Das Gleiche gilt, wenn wir eine Party organisieren wollen und dafür die Hilfe unserer Freunde benötigen. Wie schaffen wir es, möglichst viele von unserem Vorhaben zu begeistern und sie mit ins Boot zu holen? Mache sie zu deinen Verbündeten und teile deine Gedanken. Mache sie auf diese Weise zur Vision aller und sporne die Menschen um dich herum an, mitzumachen! Du wirst sehen, dass du mit einer klaren Vorstellung viele andere begeistern wirst.

Sobald die Person von deiner Idee oder deinem Vorhaben angetan ist, kannst du sie einbinden. Gib ihr das Gefühl gebraucht zu werden. Dies gilt insbesondere dann, wenn die Person schwierige Zeiten durchlebt hat und Unterstützung benötigt. Hier kann ein bisschen Ablenkung genau richtig kommen! Der Unterschied zwischen der Motivation und Manipulation ist übrigens, dass wir die Menschen dazu inspirieren, aus sich selbst heraus den Mut zu fassen und nicht versuchen, mit einer Strategie jemanden um den Finger zu wickeln.

Indem wir unsere Absicht so ehrlich wie möglich gestalten und uns transparent zeigen, wird dies auch auf die anderen offen und ehrlich wirken. Du kannst dir dies wie in einem Mannschaftsspiel vorstellen, wo einer die Regeln erklärt und die anderen Zuhören und durch die gehörten Worte angespornt wird. Es geht hierbei nicht nur um das Ziel selbst, sondern darum, in Gemeinschaft und Unterstützung etwas zu bewegen und die gemeinsame Zeit zu genießen.

Nutze die positiven Glaubenssätze für dich und andere Menschen in deinem Umfeld und steigere auf diese Weise das Selbstbewusstsein aller Personen, mit denen Du in Kontakt trittst. Stelle dir und anderen darüber hinaus die folgenden Fragen:

1) Was sind deine Gedanken über die andere Person?
2) Was hast du von deinen Eltern, Nachbarn und Verwandten als Kind über andere Menschen gehört?
3) Was traust du dir selbst zu?
4) Was traust du anderen zu?
5) Was hältst du von der Person vor dir?

6) Wie offen stehst du der Perspektive und Meinung von jemand anderem gegenüber?
7) Wie reagierst du auf die Vorschläge anderer?

Werde dir darüber bewusst, wie du zu dir selbst stehst, und gehe auf andere Menschen leichter zu. Nutze die Möglichkeit, andere durch deine Offenheit zum Leben und Spontanität für neue Ideen und Pläne zu begeistern. Je offener du selbst bist, umso mehr kannst du auch die anderen inspirieren.

Kinder motivieren

Kinder lassen sich leicht für etwas begeistern. Doch es sollte hier vorsichtig herangegangen werden. Sie verfügen über ein bestimmtes Potenzial, sensibel auf Worte oder Taten zu reagieren und werden schneller geprägt als es einem manchmal lieb ist. Daher ist es wichtig, sich in das Kind hinein zu fühlen, je jünger, desto weniger ist es mit den hohen Leistungsmaßstäben konfrontiert worden und das Ego ist noch nicht sehr ausgeprägt.

In der Gesellschaft hierzulande wird der Fokus vor allem auf die linke Gehirnhälfte gelegt (=die Logik). Dabei ist es vor allem die Rechte (=die Emotionen), welche Kinder berührt und auf Basis dessen, sie ihre Entscheidungen treffen. Es sollte daher nicht nur die logische, analytische Gedankenleistung angeregt werden, sondern auch das emotionale und empathische Denkvermögen.

Können wir Kinder in ihrer Gefühlswelt abholen, Vertrauen gewinnen und ihre Probleme erkennen. Vielleicht ist es die Angst vor dem Schwimmkurs, die es nicht reden lässt. Was auch immer es ist – je mehr Zeit wir uns für das Kind nehmen und versuchen es zu verstehen, desto mehr können wir es dort abholen, wo es sich in seiner Entwicklung befindet.

So kannst du Kinder motivieren und für etwas begeistern:

- Gib dem Kind das Gefühl, grenzenlos Zeit zu haben.
- Baue ein tiefes Level an Vertrauen auf.
- Begib dich auf sein Niveau – egal welches Alter!
- Akzeptiere dein eigenes inneres Kind und lerne daraus!
- Nimm jedes Gefühl in ihm wahr und höre auf deine innere Stimme.
- Lenke es von seinen Sorgen ab und bringe es zum Lachen.
- Nutze Witze und humorvolle Spiele für die Verbindung.
- Halte die enge Verbindung und nutze sie nicht aus.

„Was wir am meisten im Leben bedürfen ist jemand, der uns dazu bringt, das zu tun, wozu wir fähig sind.“

Ralph Waldo Emerson

Schlussworte

Jeder Mensch hat einen anderen Weg vor sich und doch haben wir alle das gleiche Ziel: so glücklich und erfolgreich wie möglich zu sein. Dies kann sich für den einen darin zeigen, dass er im Job mehr Erfolg haben möchte. Jemand anderes hingegen möchte die große Liebe finden und sieht darin sein Glück. Wieder ein anderer nimmt sich vielleicht vor, die Lebensfreude darin zu sehen, anderen Menschen zu helfen.

Was es auch ist, was dich glücklich macht, es sollte deiner Vision des Lebens entsprechen. Indem wir der inneren Stimme folgen, können wir letzten Endes auch mit Lebensfreude und Schaffenskraft vorausgehen. Wie auch du deine Ziele erreichen kannst und die Motivation bis zum Ende und darüber hinaus aufrechterhältst, konntest du im Laufe dieses Buches erfahren. So bringt es dich nicht nur weiter, ständig von einem Ort zum nächsten zu hetzen und dich dem Terminstress hinzugeben. Denn vor allem die Pausen sind es, die uns mehr Gelassenheit auf dem Weg zum Erfolg schenken.

Je mehr du dich in diese Gelassenheit zurücklehnen kannst, desto mehr wirst du aus deinem Inneren heraus Freude ausstrahlen und deine Ziele im Leben schon bald erfüllen. Die größten Träume und Visionen werden zur Realität und es manifestiert sich alles genauso, wie du es dir vorgestellt hast. Das Leben, das für viele lange Jahre ein Traum war, ist nun wahr geworden und du fühlst dich noch immer manchmal so, als würdest du träumen.

Richte dein Leben von nun an danach aus, jeden Tag wie deinen Ersten zu leben, und du wirst sehen, dass du mit mehr Frische und Spontanität existieren kannst. Die kleinen Dinge werden groß und einzigartig und auch die sonst so alltäglichen Momente kannst du mehr genießen. Nutze die Beweggründe anderer dafür, über dich selbst zu lernen, und akzeptiere, dass wir Menschen uns stets im Wandel befinden.

Beachte, dass deine Zuversicht und dein Glauben, stets stärker sein müssen als deine Bedenken, wenn du an deine Ziele, Träume und Hoffnungen denkst. Zweifel macht deine Wünsche zunichte. Solange deine Sehnsucht positiv und voller Optimismus ist, kann dein Ziel nur näher rücken und du wirst es unumgänglich erreichen.

Du entscheidest, ob du den Zweifel oder die Zuversicht nährst, somit liegt es ganz an dir.

Motiviert durchs Leben zu gehen und den größten Erfolg einzuholen. Dies wünsche ich dir und hoffe, dass du all das erreichst, was du dir erhoffst. Bleibe mit Geduld, Ausdauer und Beharrlichkeit auf deinem Weg und behalte deine Träume vor Augen. Indem du selbst lernst, wie du die innere Initiativkraft findest, wirst du auch anderen helfen können. Was auch immer deine Motivation ist – behalte sie bei und gehe mit einem Lächeln auf den Lippen durch dein Leben.

„Erfolg ist die Fähigkeit, von einem Misserfolg zum anderen zu gehen, ohne die Begeisterung zu verlieren.“

Winston Churchill

Bonus:

Motivationsmeditation

- Suche dir einen ruhigen Ort.

- Setze dich bequem hin.

- Deine Handflächen zeigen nach oben.

- Atme 3x etwas tiefer ein und aus.

- Du bist völlig entspannt. Dein Körper fühlt sich leicht und tiefenentspannt an.

- Deine Zunge liegt locker im oberen Gaumen.

- Deine Zahnreihen berühren sich nicht.

- Du stehst auf einer großen Bühne und es ist dunkel. Es ist schön.

- Du weißt, du gehörst dahin, du fühlst dich richtig wohl.

- Du siehst ein wenig Licht durch den Vorhang blitzen.

- Das Licht im Publikumssaal ist angegangen.

- Du hörst langsam leise Stimmen und es wird immer lauter.

- Das Publikum betritt den Raum.

- Die Leute sind aufgeregt und freuen sich. Die Lautstärke erhöht sich weiter.

- Jetzt fängt einer an zu klatschen und nach und nach applaudieren immer mehr Menschen, bis alle im Saal davon ergriffen sind und mitmachen, erst leise dann lauter, irgendwann finden sie einen gemeinsamen Takt und jemand beginnt deinen Namen zu rufen.

- Nach einer kurzen Weile stimmen alle mit ein. Das ganze Publikum ruft erwartungsvoll deinen Namen.

- Du stehst hinter der Bühne hinter dem geschlossenen Vorhang.

- Du spürst, wie sehr sie sich auf dich freuen.

- Sie wollen genau dich sehen.

- Alle freuen sich auf dich auf das, was du zu bieten hast.

- Und du freust dich auf deine Aufgabe.

- Du bist gut vorbereitet und spürst, dass du es kannst. Du bist gewappnet.

- Und alle warten auf dein Zeichen.

- Wenn du bereit bist, nickst du und der Vorhang wird öffnet.

- Das Licht auf der Bühne geht langsam an

- Du bist bereit für die Welt und die Bühne, um anzufangen und gut vorbereitet.

- Du strahlst und lächelst. Alles was du brauchst, ist in dir und das spürt du jetzt. Du fühlst dich sehr sicher und souverän.

- Du kannst alles schaffen. Es ist Zeit zu beginnen.

- Du öffnest langsam die Augen und beendest die Mediation mit diesem Gefühl und nimmst es mit in deinen Tag.

Diese Meditation kannst du beliebig oft wiederholen.

Buchempfehlung

Welche Ruhe-Insel darf es denn sein, auf die Du Dich zurückziehen willst?

Du hast das Thema Motivation in Deinem Leben gemeistert, und bist bereit für den nächsten Schritt? Möchtest gerne Stress abbauen, achtsamer und gelassener, neue oder auch bestehende Wege beschreiten? Gut organisiert Deine Lebenszeit managen und genießen? Dann ist,

Stress – Der moderne Säbelzahntiger
von **Ron B. Charles**
https://www.amazon.de/dp/1659146909

Dein nächstes Buch.

Printed in Poland
by Amazon Fulfillment
Poland Sp. z o.o., Wrocław

64174190R00078